La garantie des droits fondamentaux au Cameroun

Collection « Études africaines »

dirigée par Denis Pryen et son équipe

Forte de plus de mille titres publiés à ce jour, la collection « Études africaines » fait peau neuve. Elle présentera toujours les essais généraux qui ont fait son succès, mais se déclinera désormais également par séries thématiques : droit, économie, politique, sociologie, etc.

Dernières parutions

Mamadou Billo BARRY, *Gouvernance et coopération internationale en éducation, Le cas de la Guinée*, 2017.

Christine THÉODORE, *Objets d'initiation. Rencontre avec un chasseur dozo. Échanges d'objets d'initiation et modifications des interactions*, 2017.

Pierre GIGUÈRE, *L'accès à l'habitat dans l'Afrique des villes. Un toit pour l'Afrique*, 2017.

Daniel MULENDA LOMENA EMAMBA, *La gestion de l'intégration des entreprises par la préservation des écosystèmes naturels*, 2017.

Christelle BELPORO, *La responsabilité des entreprises multinationales pour les violations des droits de l'homme en Afrique*, 2017.

Jean-François NGANDU KAMUNGA, *Les baluba d'hier et d'aujourd'hui, permanences, ruptures, transformations et extinctions des traditions africaines*, 2017.

Firmin AHOUA, Benjamin OHI ELUGBE, *Typologie et documentation des langues en Afrique de l'Ouest*, 2017.

Alphonse MAKENGO NKUTU, *Les partis politiques de la République démocratique du Congo. Analyse faite à partir de différents textes légaux portant organisation et fonctionnement des partis politiques (1990 à nos jours)*, 2017.

Pierre-Flambeau NGAYAP, *Le droit parlementaire au Cameroun*, 2017.

Hygin Ignace AMBOULOU, *Code des investissements et des activités économiques. Première édition*, 2017.

Hygin Ignace AMBOULOU, *Traité de fiscalité des entreprises. Première édition*, 2017.

Hygin Ignace AMBOULOU, *La problématique du conflit de normes et de compétences dans la situation de coexistence des juridictions communautaires*, 2017.

Martial JEUGUE DOUNGUE

Docteur en Droit international
Expert en
Droits de l'homme et Droit Humanitaire

La garantie des droits fondamentaux au Cameroun

Préface du Docteur Michel MAHOUVE
Magistrat, Directeur des affaires non-répressives et du sceau
au Ministère camerounais de la justice

L'Harmattan

5-7, rue de l'École-Polytechnique, 75005 Paris
www. harmattan.com
diffusion.harmattan@wanadoo.fr
ISBN : 978-2-343-11513-9
EAN : 9782343115139

A la gloire de Dieu,
A tous ceux qui luttent pour une garantie effective des droits fondamentaux dans le monde,
Je dédie cet ouvrage.

REMERCIEMENTS

Au moment où je réalise cet ouvrage, je tiens à témoigner ma reconnaissance à tous ceux qui m'ont été d'un soutien indéfectible. Il s'agit de :

- Docteur MAHOUVE Michel, pour avoir accepté de préfacer ce travail et ses conseils très édifiants,
- Ma mère, KAFACK Colette qui me comble de son amour et m'accorde toujours une attention particulière,
- Mon père, JEUGUE Maurice qui me donne un magnifique modèle de labeur et de persévérance,
- Ma sœur, JEUGUE YMELE Elodie, à qui j'exprime une reconnaissance particulière, pour l'affection et la générosité,
- Mes autres frères et sœurs, pour leur soutien moral,
- Mes amis, pour leur présence et leurs encouragements.

Mon infinie gratitude s'adresse enfin à tous ceux qui ont contribué d'une manière ou d'une autre, à la réalisation de cet ouvrage.

SOMMAIRE

LISTE DES CIGLES ET ABREVIATIONS

ACAFEJ	Association Camerounaise des Femmes Juristes
ACAT	Action Chrétienne pour l'Abolition de la Torture
ACERAC	Associations des Conférences Episcopales de la Région Afrique Centrale
AL	Alinéa
APDHAC	Association pour la Promotion des Droits de l'Homme en Afrique Centrale.
AP	Assemblée Plénière
ART	Article
BM	Banque Mondiale
CA	Cour d'Appel
CA-CS	Chambre Administrative de la Cour Suprême
CAY	Chambre Administrative de Yaoundé
Cf	Confère
CFJ	Cour Fédérale de Justice
CNDHL	Commission Nationale des Droits de l'Homme et des Libertés
CNC	Conseil National de la Communication
CS	Cour Suprême
DUDF	Diplôme Universitaire Droits Fondamentaux
Ed	Edition
E.P.C	Eglise Presbytérienne du Cameroun
FMI	Fonds Monétaire International
FSJP	Faculté des Sciences Juridiques et Politiques
GAJA	Grands Arrêts de la Jurisprudence Administrative
JCP	JurisClasseur Périodique
J.I	Juridis-Infos
JOC	Journal Officiel du Cameroun
J.P	Juridis-Périodique

LGDJ	Libraire Générale de Droit et de Jurisprudence
MDR	Mouvement pour la Défense de la République
NCPP	Nouveau Code de Procédure Pénale
OIF	Organisation Internationale de la Francophonie
ONEL	Observatoire National des Elections
ONU	Organisation des Nations Unies
PAS	Programme d'Ajustement Structurel
PIDCP	Pacte International relatif aux Droits Civils et Politiques
PIDESC	Pacte International relatif aux Droits Economiques, Sociaux et Culturels
PPTE	Pays Pauvres Très Endettés
PUA	Presses Universitaires d'Afrique
PUF	Presses Universitaires de France
PNG	Programme National de Gouvernance
RCA	République Centrafricaine
RCD	Revue Camerounaise de Droit
RDP	Revue de Droit Public
RIDC	Revue Internationale de Droit Comparé
RJA	Revue Juridique Africaine
RJIC	Revue Juridique Indépendance et Coopéra-tion
RP	Recueil Penant
SDN	Société Des Nations
TGI	Tribunal de Grande Instance
TPI	Tribunal de Première Instance
UCAC	Université Catholique d'Afrique Centrale
UE	Union Européenne
UNDP	Union Nationale pour la Démocratie et le Progrès
UNESCO	United Nations Educational, Scientific and Cultural Organization
Vol	Volume

PREFACE

Dans une formule restée célèbre, Abdou DIOUF, secrétaire général de la francophonie, faisait observer qu'« *il n'y a pas trente six chemins vers la démocratie. Il faut un Etat, il faut le développement et il faut l'apprentissage des libertés* ». Démocratie, droits fondamentaux et Etat de droit sont un triptyque indissociable dans tout Etat qui se veut libéral et constituent l'idéal à atteindre en son sein. Les droits fondamentaux se doivent ainsi, dans toute société, d'être reconnus, respectés, mais surtout protégés, afin que les citoyens puissent véritablement en bénéficier. Le maintien de la paix et de la sécurité interne et la promotion du développement économique et social passent obligatoirement par le respect de ces droits.

C'est cette intuition qui a conduit M. JEUGUE, à s'emparer d'un sujet délicat, alliant des concepts juridiques et politiques. L'ouvrage constitue, de mon point de vue, une contribution originale sur la garantie des droits fondamentaux, malgré l'abondante littérature déjà publiée sur la question. Dans un style simple et une approche dynamique, l'auteur présente les éléments à saisir et à corriger pour permettre à l'Etat de mieux promouvoir la garantie des droits fondamentaux. Il s'agit, d'une part, des pesanteurs liées aux régimes juridiques de restriction, au faible enracinement de l'Etat de droit et de la démocratie et, d'autre part, des pesanteurs liées à l'environnement économique, socio-culturel et idéologique camerounais. Si sa critique est parfois excessive, l'auteur, par un raisonnement ténu, mais toujours apparent, réussit à conserver à son travail un caractère scientifique.

Il est également important de relever que M. JEUGUE a pu restituer, dans son ouvrage, les progrès accomplis en matière de garantie des droits fondamentaux. Ceux-ci semblent tenir pour l'essentiel, aux actions de promotion et de protection des organes juridictionnels, non-juridictionnels et internationaux, qui semblent indiquer des tendances prometteuses de l'évolution de la garantie des droits fondamentaux. Les acteurs non-étatiques, en particulier ceux qui composent ce que l'on appelle la société civile, se sont invités dans les processus décisionnels. Par ce biais, l'Etat camerounais à pu prendre en considération leur point de vue.

Le champ embrassé par cet ouvrage était redoutable, mais M. JEUGUE a su éviter le piège politique, sur lequel buttent si fréquemment les études relatives aux droits de l'homme. Il a également compris, et c'est l'importante valeur ajoutée à mettre au crédit de son ouvrage, que nous devons tous agir et même réagir lorsque les droits fondamentaux sont violés. Aussi bien l'Etat que les individus doivent assumer leurs responsabilités aux fins de la réalisation et de la protection efficace des droits fondamentaux. L'ouvrage réalisé par M. JEUGUE m'apparaît remarquable, aussi bien en termes d'analyse que de suggestions en vue d'une garantie efficace des droits fondamentaux au Cameroun.

Je me permets donc d'en recommander la lecture et l'exploitation à toutes les personnes intéressées par cette question, laquelle au demeurant, interpelle tous les citoyens camerounais et toutes les personnes qui relèvent de la juridiction du Cameroun.

MAHOUVE Michel
Magistrat hors hiérarchie,
Docteur en Droit de l'Université de Paris II Panthéon Assas,
Directeur des Affaires non-Répressives et du Sceau au
Ministère camerounais de la Justice.

« *Les droits de l'homme ne sont pas un aspect parmi d'autres de l'histoire, du droit, de la philosophie, ou la forme rénovée de l'action charitable. Ils sont le moteur de l'histoire, notre passé et notre avenir* ».

Robert BADINTER,
A propos du 50e anniversaire de la Déclaration Universelle des Droits de l'Homme du 10 décembre 1948.

INTRODUCTION

A l'aube des indépendances, les dirigeants et les peuples du pays avaient cru, dans l'euphorie de la dignité nouvellement conquise, que la dynamique d'émancipation entraînerait, comme par magie, un élan de développement économique, politique, de progrès social et d'épanouissement des institutions et des mécanismes de garantie des droits fondamentaux.

Un peu plus d'un demi siècle après, les camerounais sont aujourd'hui en droit d'attendre du nouveau millénaire qu'il symbolise pour eux la réalisation des légitimes aspirations qui ont été au fondement de leurs luttes pour la souveraineté et la dignité. Mais cet horizon si proche, longtemps célébré comme une frontière mythique, suscite en nous davantage d'interrogations que de réponses, évoque plus d'incertitudes que de victoires. Cette incertitude est grande et l'avenir plein d'interrogations.

Certes, les mutations politiques, économiques et sociales en cours dans le continent noir depuis la fin des années 1980, sont révélatrices de la volonté de l'Afrique et plus particulièrement du Cameroun, d'adhérer au standard quasi-universel de l'Etat de droit et de la démocratie libérale. Ces mutations reflètent au plan politique, aujourd'hui plus qu'hier, mais certainement moins que demain, la revendication d'une adhésion réelle au constitutionnalisme.

Le Cameroun qui avait jusque là revendiqué sa spécificité pour se marginaliser de l'existence et du contenu d'un patrimoine constitutionnel commun de l'humanité, semble désormais faire une entrée remarquée dans l'arène de la démocratie libérale et de l'Etat de droit, à la faveur notamment de la toute récente réforme constitutionnelle[1], réforme consacrant au plan institutionnel les mutations politiques, économiques et sociales tantôt évoquées. La loi constitutionnelle camerounaise du 18 janvier 1996 manifeste encore aujourd'hui, *« l'attachement du peuple camerounais au courant universaliste des « droits et libertés fondamentaux ».* « *En atteste, la constitutionnalité désormais certaine, parce que clairement affirmée, du préambule de la Constitution et des principes fondamentaux qui y figurent. La référence aux principes fondamentaux de la Charte des Nations Unies et à la DUDH le confirme sans doute »*[2].

Mais, cette adhésion au courant universalisant des droits de l'homme et de la démocratie libérale a-t-elle auguré des possibilités réelles pour le Cameroun d'affronter avec optimisme le troisième millénaire ? Autrement dit, ce constitutionnalisme a-t-il été à même d'assurer la jouissance optimale par les populations de leurs droits fondamentaux et instaurer ainsi la mise en place d'un véritable Etat de droit ? Ou plus précisément encore, l'Etat camerounais a-t-il assumé ses fonctions traditionnelles de garant par excellence des droits fondamentaux, tout en intégrant la part d'acteurs

---

[1] Loi constitutionnelle n°96/06 du 18 Janvier 1996 portant révision de la Constitution du 2 juin 1972. En effet, Le premier point d'ancrage du développement et de la démocratie dans un État de droit, c'est la référence suprême à la Constitution. Le souci d'une plus grande sécurité des droits fondamentaux au Cameroun a abouti principalement à cette loi. Elle apporte deux innovations majeures pour la garantie des droits fondamentaux. Ce texte procède visiblement à une reconnaissance plus claire et plus directe des droits fondamentaux proclamés par les textes internationaux, et institue des instances et des procédures visant à contrôler, et éventuellement à censurer toute violation desdits droits.

[2] Voir Léopold DONFACK SOKENG, « Existe-t-il une identité démocratique camerounaise ? La spécificité camerounaise à l'épreuve de l'universalité des droits fondamentaux », *in* http://www.cean.u-bordeaux.fr (consulté le 03 janvier 2016)

sociaux nationaux et internationaux dont le rôle est reconnu fondamental dans la garantie de ces droits ?

Ce qui « garantit » se définit comme ce qui protège ou ce qui préserve[3]. Le but d'une garantie des droits est de « *protéger des droits constitutionnels considérés comme des droits fondamentaux, mais pas exclusivement* »[4]. Au Cameroun, la garantie des droits fondamentaux désigne toutes les mesures de sauvegarde des droits orchestrées par l'ensemble des mécanismes institués au sein de la Constitution et des textes reconnus dans l'ordre juridique, la compétence de l'aménagement de tels mécanismes étant dévolue à titre principal à la loi fondamentale qui réglemente ainsi l'exercice des droits fondamentaux.

Admettre qu'il puisse exister des moyens de garantir les droits fondamentaux, c'est admettre que l'homme dispose d'une certaine extériorité par rapport à la démocratie. Démocratie, Etat de droit et droits de l'homme sont des valeurs fondamentales étroitement liées les unes aux autres. Le professeur René DEGNI SEGUI reconnaît que *« l'Etat de droit est encore plus intimement lié aux droits de l'homme, en constituant une garantie fondamentale »*[5]. Cette garantie nécessite des ressources importantes qui ne sont pas disponibles dans de nombreux contextes. Ainsi, si l'activisme au niveau juridique et institutionnel se révèle primordial, s'arrêter à des déclarations de droit sans s'interroger sur leur applicabilité, sur les conditions de leur mise en œuvre, n'équivaut qu'à faire la moitié du chemin. Le problème des droits de l'homme dans ce contexte est un problème de

---

3 *Dictionnaire de l'Académie française*, neuvième édition, *voir* Garantie.

4 Voir Etienne PICARD, « L'émergence des droits fondamentaux en France », *AJDA*, 1998, p. 6.

5 Lire René DEGNI-SEGUI, *Les droits de l'homme en Afrique noire francophone : théories et réalités*, 2e éd., Abidjan : CEDA, avril 2001, 196 p.

redistribution. En d'autres termes, c'est un problème de développement[6].

L'idée de *« garantie »* paraît donc affectée comme un lien consubstantiel à la notion de *« droit fondamental »*, qui n'est pas aisée à définir, car elle semble être justiciable de plusieurs acceptions. L'article 16 de la Déclaration française des droits de l'homme et du citoyen de 1789 ne considérait-il pas à ce propos que toute société dans laquelle les droits fondamentaux ne sont pas garantis n'a point de Constitution ? Les droits fondamentaux s'imposent alors comme *« refondateurs de l'Etat de droit »* et recoupent dans leur intégralité les notions voisines de *« droits de l'homme »* et *« libertés publiques »*[7].

Selon M. VIGNON, les droits fondamentaux sont des *« droits assez essentiels pour fonder et déterminer [...] les grandes structures de l'ordre juridique tout entier en ses catégories, dans lequel et par lesquelles ils cherchent à se donner ainsi les moyens multiples de leurs garanties et de leur réalité »*[8]. Cette conception des *« droits fondamentaux »* au plan interne doit être complétée par l'approche internationaliste qui définit, dans le cadre du système des Nations Unies, les droits fondamentaux de l'homme comme *« les droits reconnus par la DUDH de 1948 et par les pactes internationaux relatifs aux droits de l'homme de 1966*

---

6 Voir Christophe EBERHARD, « La pauvreté comme violation des droits de l'homme. Enjeux et perspectives d'une dynamique émancipatrice », *Contribution pour la journée internationale pour l'élimination de la pauvreté, 18-19 octobre 2004,* Paris : Maison de l'UNESCO, http://www.dhdi.org (consulté le 3 janvier 2017)

7 Lire B. Y. VIGNON, « La protection des droits fondamentaux dans les nouvelles constitutions africaines », *Revue nigérienne de droit, n° 3*, décembre 2000, p. 83.

8 *Ibid*, p. 80.

qui doivent être appliqués en tout temps et en tout lieu et qui ne souffrent d'aucune dérogation »[9].

S'il est évident que la considération de la condition humaine est au centre de la question des droits fondamentaux, c'est elle qui conduit aujourd'hui à de multiples revendications au nom de la liberté. En conséquence, la notion de *« droits fondamentaux »* se retrouve aujourd'hui au confluent de batailles multiples et complexes. C'est ainsi que les acteurs politiques en font la base de leurs programmes, les bailleurs de fonds un élément de la conditionnalité de leur aide[10] et les organisations de la société civile[11] se font chaque jour plus exigeantes sur la question. Comme le constate à juste titre le professeur Jacques ROBERT, *« jamais on n'a autant parlé des libertés. Jamais on n'a voulu autant sensibiliser l'opinion aux dangers qui les menacent »*[12]. C'est que les droits fondamentaux ont un côté fragile, vulnérable. En effet, la vie en société qui suppose l'ordre, se

[9] Voir Kéba M'BAYE, *Les droits de l'homme en Afrique*, Paris : Pédone, 1993, 312 p, p. 167. Sont constitutifs de droits fondamentaux au Cameroun, les droits et libertés énoncées dans la déclaration des droits contenue dans le préambule de la Constitution camerounaise du 18 Janvier 1996 et garantis par le Conseil constitutionnel ; alors que les libertés publiques stricto sensu sont répétées par les différentes lois du 19 décembre 1990 qui ont aménagé certains aspects de la liberté de l'homme en vue de les rendre directement opposables à l'administration, la protection de leur exercice étant assurée par les juges ordinaires, administratif et judiciaire selon les circonstances ; *in* Léopold DONFACK SOKENG, « Les incertitudes de la notion de « libertés publiques », *Annales de la Faculté des Sciences juridiques et politiques de l'Université de Dschang*, t. 1, vol 2, 1997, Yaoundé : PUA, p. 23-38, p. 29.

[10] Voir Jean Louis ATANGANA AMOUGOU, « Conditionnalité juridique des aides et respect des droits fondamentaux », *Les conditionnalités juridiques en Afrique*, *Afrilex*, septembre 2001, n° 2, p. 1-13.

[11] Lire M. HAUBERT, Philippe REY (dir.), *Les sociétés civiles face au marché. Le changement social dans le monde post-colonial*, Paris : Karthala, 2000, p. 145.

[12] Voir Jacques ROBERT, J. DUFFAR, *Droits de l'homme et libertés fondamentales*, 5e éd., Paris : Montchrestien, 1993, p. 1.

montre parfois incompatible avec les libertés ; elle a ainsi tendance à mettre entre parenthèses ces dernières au profit de l'ordre.

L'effort de protection des droits fondamentaux se trouve donc légitimé par la nécessité de protéger la vie et la dignité humaines, cette qualité inhérente à tout être humain qui n'a pas toujours été aussi aisée à reconnaître tout au long de l'histoire de l'humanité, de celle du Cameroun en occurrence, depuis 1996. Si nous nous attachons principalement à cette période manifestée dans ce que d'aucuns appellent la *« nouvelle Constitution camerounaise »*[13], un rappel des différentes situations ayant prévalu dans l'Etat camerounais avant cette date n'est pas exclu. Nous pensons aux régimes de proclamation et de protection des droits fondamentaux institués par le constituant camerounais dans les textes constitutionnels de la période postindépendance, ceux du 4 mars 1960, du 1er septembre 1961 et du 2 juin 1972[14].

Au Cameroun, cette inscription dans le corpus constitutionnel de mécanismes protecteurs a un double impact sur la garantie des droits fondamentaux : un impact intellectuel, à savoir la prévision par la Constitution de tels mécanismes, leur conférant le statut constitutionnel ; un

---

13 Voir Léopold DONFACK SOKENG, « Existe-t-il une identité démocratique camerounaise ? La spécificité camerounaise à l'épreuve de l'universalité des droits fondamentaux », *op. cit, ibid.*

14 Au besoin, elles renforcent les anciens mécanismes, en leur accordant de nouvelles compétences, ce qui les rend plus aptes à protéger les droits constitutionnels. Voir Paul ZBIGNIEW NLEP, La garantie constitutionnelle des droits fondamentaux au Cameroun, Mémoire présenté en vue de l'obtention du Diplôme d'Etudes Approfondies (DEA) en droits de la personne et de la démocratie, Université d'Abomey-Calavi, République du Bénin, 2003-2004, http://memoire-online.org (consulté le 15 décembre 2016)

impact politique, à savoir la possibilité offerte aux citoyens selon des procédures diverses, de disposer d'instances de recours contre les violations de leurs droits. C'est cet intérêt qui renvoie à l'épanouissement juridique du citoyen et permet l'examen de la portée des instances chargées de garantir ces droits[15].

Ce double impact permet d'ouvrir certaines perspectives : bien que quotidiennement exploré, le thème des droits fondamentaux et de leur protection dans un système juridique donné est un acte de survie, la liberté étant une quête perpétuelle et les violations revêtant un caractère quasi permanent et tout aussi perpétuel. C'est ainsi que notre analyse permet, de prime abord, d'évaluer au Cameroun, le puissant courant universaliste qui marque la diffusion des droits de l'homme et de la démocratie pluraliste. Elle évalue les statistiques ainsi obtenues, en ignorant justement ce qui pourra arriver d'imprévu.

Elle permet ensuite une autre évaluation, celle des organes et institutions prévus dans l'ordre juridique camerounais pour la sécurité juridique des citoyens. Elle offre la possibilité de faire passer un test d'efficacité aux différentes mesures de sauvegarde des droits, afin de voir de quelle manière elles pourront participer, à la garantie des droits et en cas d'insuffisance, de proposer des palliatifs. Notre ouvrage vient enfin contribuer à une meilleure connaissance des rapports entre la démocratie, l'Etat de droit, le développement et les droits fondamentaux. Il s'agit en fait d'explorer les conditions de l'émergence et de l'enracinement de l'Etat de droit et du développement au Cameroun en particulier et en Afrique en général.

---

15 Lire Paul ZBIGNIEW NLEP, La garantie constitutionnelle des droits fondamentaux au Cameroun, *ibid.*

Dès lors, on est en droit de se poser les questions fondamentales suivantes : les droits fondamentaux au Cameroun bénéficient-ils de mécanismes de sauvegarde fiables et véritablement efficaces susceptibles de nous faire espérer pour notre devenir ? Quels aménagements faut-il initier dans les structures internes de l'Etat, pour leur meilleure sauvegarde ? Bref, quel est l'état de la garantie des droits fondamentaux au Cameroun ?

En tout état de cause, ce qu'il faut retenir, c'est que l'adhésion du Cameroun à la cause des droits fondamentaux ne fait pas de doute, au regard des instruments internationaux et régionaux qu'il a signés et ratifiés et de leur intégration dans l'ordre juridique interne[16]. Il s'agit là d'un pas important, mais qui n'est pas suffisant, car la reconnaissance au plan théorique[17] de ces droits et libertés doit pouvoir être mise en œuvre et concrétisée en pratique, dans le vécu quotidien des populations[18].

---

16 En effet, la garantie matérielle se concrétise à travers l'influence exercée par les droits fondamentaux sur la législation camerounaise dans son ensemble, ce qui conduit dans l'ordre juridique à une large proclamation formelle des droits au profit des citoyens. Les droits fondamentaux sont ainsi consacrés dans la Constitution, divers textes législatifs et même réglementaires. Lire Martial JEUGUE DOUNGUE, Les juges camerounais et les conventions internationales relatives aux droits de l'homme, Mémoire de Master 2 en Droit international des droits de l'homme, Université de Dschang, 2006, 96 p, p. 15 ; du même auteur : l'intégration des conventions internationales relatives aux droits de l'homme dans les Etats africains francophones, Thèse de doctorat en droit international, Université de Nantes, 2013, 584 p.

17 Constitution, lois, règlements.

18 La garantie institutionnelle ou « pratique » s'illustre par la protection des droits fondamentaux que confèrent les mécanismes juridictionnels, non-juridictionnels et internationaux. Voir Cyrille APALA MOIFFO, L'émergence d'une culture des droits de l'homme au Cameroun, Mémoire de Master 2 en Droit international et européen des droits fondamentaux, Universités de Nantes, 2006, 88 p, p. 51.

La garantie des droits fondamentaux existe donc au Cameroun, elle est à la fois matérielle et institutionnelle. On peut déjà constater que plusieurs années après son entrée en vigueur, le texte constitutionnel de 1996 n'est pas totalement mis en œuvre en ce qui concerne les mécanismes de sauvegarde des droits fondamentaux. Ceci n'est pas sans effet sur l'effectivité de ces droits et leur devenir, ce qui nous amène, sans pessimisme aucun, à poser le constat d'un bilan mitigé dans la garantie matérielle **(PARTIE I)**. Néanmoins, la présente réflexion perçoit des possibilités d'espérance, à travers la garantie institutionnelle[19] des droits fondamentaux **(PARTIE II)**, qui reste encore « *un sujet de préoccupation* » au Cameroun[20].

---

[19] Certes, cette garantie semble dessiner de nouvelles tendances, des signaux révélateurs d'attitudes nouvelles qui nous font penser comme un adage africain que, « *même au plus sombre de la nuit, l'aube est à portée de main* ».

[20] C'est le constat fait par le professeur Paul Gérard POUGOUE pour qui *« la garantie pratique »* des droits fondamentaux au Cameroun reste encore un sujet de préoccupation. C'est ce qu'il exprime en ces termes : *« l'aménagement de la garantie pratique est loin d'atteindre la promesse de ses fleurs »* ; *in* Paul Gérard POUGOUE, « La problématique des droits de l'homme », *Cahier africain des droits de l'homme n°5, octobre 2000, Etudes et documents de l'APDHAC*, Yaoundé : PUCAC, p. 193-206, p. 199.

PARTIE I.

LA GARANTIE MATERIELLE : LA FAILLITE DE L'ETAT DE DROIT, DE LA DEMOCRATIE ET DU DEVELOPPEMENT

« Nous écrivons en lettre de lumière l'histoire de notre liberté et nous verrons briller l'espoir pour tous ».
Strophe d'un Chant religieux catholique.

Selon les Nations Unies, un rapport étroit existe entre la promotion des droits de l'homme et le développement des nations[21]. Quant une société est libre et que les populations peuvent jouir entièrement des libertés reconnues, elles contribuent effectivement au développement du pays[22]. Quant à la démocratie, elle assume en principe le respect des droits de l'homme, notamment à travers la doctrine de l'Etat de droit. L'Etat de droit est encore plus intimement lié aux droits de l'homme, en constituant une garantie fondamentale. C'est la conception la plus élaborée des rapports entre le pouvoir et les citoyens[23].

---

[21] Le développement facilite l'exercice des droits de l'homme, mais d'un autre coté, l'absence de développement ne doit pas limiter l'exercice des droits de l'homme.

[22] A la Conférence mondiale des droits de l'homme réunie à Vienne en juin 1993, le lien fondamental entre démocratie, droits de l'homme et développement a été affirmé sans aucune ambiguïté comme l'a souligné M. Boutros Boutros GHALI, alors Secrétaire général des Nations Unies, dès son discours d'ouverture avec une ferme éloquence.

[23] Voir Benjamin BOUMAKANI, « Démocratie, droits de l'homme, et Etat de droit », *Annales de la Faculté de sciences juridiques et politiques de l'Université de Dschang*, t. 1, vol. 2, PUA, 1997, p. 5-22, p. 7.

Démocratie, Etat de droit et développement sont donc des cadres de garantie, de protection des droits à la fois contre l'homme, afin qu'il ne devienne un loup pour l'homme, et contre l'Etat qui apparaît comme la principale menace à ces droits.

Au Cameroun, une réflexion homogène sur les déficits de l'Etat de droit et de la démocratie ne peut se contenter de facteurs juridiques ou politiques comme explications uniques aux lacunes des garanties matérielles. Les obstacles socio-économiques et culturels apparaissent également comme une conjonction de plusieurs éléments mettant à mal l'avenir des droits fondamentaux au Cameroun.

CHAPITRE I.

LES OBSTACLES POLITICO-JURIDIQUES ET SOCIAUX LIES A LA PROMOTION DES DROITS FONDAMENTAUX

Les droits fondamentaux, l'Etat de droit et la démocratie sont à l'ordre du jour. Ils le sont partout dans le monde, dans les organisations internationales, et dans chacun de nos pays. Aucun Etat n'y échappe à moins de choisir de vivre en marge de la société internationale ou de renoncer au développement. C'est ce qu'ont affirmé les derniers sommets de la communauté des Etats ayant le français en partage, ce que nous appelons la francophonie. Aux sommets de Dakar, de Maurice et de Cotonou en effet, les chefs d'Etats et de gouvernement ont déclaré qu'il n'existe pas de développement sans liberté, ni de liberté durable sans développement véritable. Ils ont appelé au respect des droits de la personne et au respect du droit au développement. *« Les droits de l'homme, l'Etat de droit, la démocratie et le développement sont donc devenus des préoccupations universelles, même s'il existe encore des divergences quant à leurs fondements et à leurs contenus. Les droits de l'homme et leur protection constituent donc une dimension cruciale de notre avenir, tant dans les pays développés que dans les pays en voie de développement »*[24].

La réalité des droits de l'homme au Cameroun permet cependant d'observer que le processus d'intégration de ces droits reste non seulement inachevé, mais jonché d'obstacles qui affaiblissent l'Etat de droit et la démocratie. Deux

---

[24] Lire Jacques Ivan MORIN, « Francophonie, Etat de droit, Démocratie et Développement », Module 001, Chapitre 1, Présentation générale, histoire source et fondement, contenus des cours du Master 2 de Droit international et européen des droits fondamentaux.

arguments principaux participent de ces limites : La diversification des régimes juridiques de restriction sur le plan politico- juridique et le faible enracinement de l'Etat de droit et de la démocratie sur le plan social.

Section 1. Sur le plan politico-juridique : la diversification des régimes juridiques de restriction

L'Etat de droit renvoie à une certaine conception de l'ordre juridique se traduisant par la soumission des gouvernants au droit, assortie de la garantie d'un recours devant un juge indépendant[25], ce qui a pour conséquence d'interdire ou de limiter l'arbitraire du pouvoir.

Jean Louis QUERMONE intègre ainsi dans l'Etat de droit, *« la garantie fondamentale des droits de l'homme et des libertés publiques, le contrôle de constitutionnalité »*[26].

Dans l'Etat de droit, toute l'activité du pouvoir exécutif est soumise à une règle supérieure à laquelle elle doit se conformer, constitutive de cet ensemble qu'on appelle juridicité, dont la loi fait partie, mais encore avec elle, la Constitution, les traités, les principes généraux de droit et tout un ensemble de règles de bonne conduite sanctionnées par le juge. Or, précisément sur le plan théorique, cette idée de la soumission de l'Etat au droit revêt le caractère d'une pure construction de l'esprit, satisfaisante dans son principe, mais illogique dans ses présupposés et dans ses résultats[27]. Et sur le plan pratique, cette exigence est infirmée par l'évolution des différents systèmes juridico-politiques, au

---

25 Lire Jacques CHEVALLIER, « L'Etat de droit en Afrique », *in RDP*, Mars-Avril 1988, p. 317.

26 Voir Jean Louis QUERMONE, *Les régimes politiques occidentaux*, Paris : Seuil politique, 1986, p. 106.

27 Lire J. AUTIN, « Illusions et vertus de l'Etat de droit administratif », *in* COLAS (D) (dir.), *L'Etat de droit*, Paris : PUF, 1987, p. 147.

point qu'il est légitime de parler d'une *« représentation idéalisée de la réalité »*[28].

En effet, tout système juridique autorise, dans sa discursivité même, tracée comme variable du jeu qu'il organise, le non respect par l'Etat pouvoir de sa propre loi. Tout pouvoir, dans son ossature institutionnelle, est organisé de façon à fonctionner à la fois selon sa loi et contre sa loi. Cela s'appelle, dans la perspective de Nicos POULANTZAS, la *« raison d'Etat »* qui signifie non pas seulement que *« la légalité est toujours compensée par des « à côtés » d'illégalité, mais que « l'illégalité de l'Etat est toujours inscrite dans la légalité qu'il institue »*[29]. Autrement dit, si chaque système inclut l'illégalité en ce sens qu'il comporte, comme partie intégrante de son discours, des lacunes de la loi, des vides, il ne s'agit aucunement *« de simples bévues, et aveuglements, mais de dispositifs expressément prévus, des brèches pour permettre de passer outre la loi »*[30]. Toutes ces pratiques participent d'une violation légalisée de l'Etat de droit et la démocratie.

Au Cameroun, elles se résument au régime d'ordre public qui limite l'exercice des droits et libertés fondamentaux en période normale et aux régimes d'exception et de restriction qui mettent en cause le principe de légalité nécessaire au respect des droits fondamentaux en période de crise.

---

[28] Lire Benjamin BOUMAKANI, « L'Etat de droit en Afrique centrale », *Annales de la FSJP de l'Université de Dschang*, t. 1, vol 2, Yaoundé : PUA, 1997, p. 87-106.

[29] Voir Nicos POULANTZAS, *L'Etat, le pouvoir, le socialisme*, 2e éd, Paris : PUF, 1981, p. 93.

[30] *Ibid*, p. 93.

Paragraphe 1. Le régime d'ordre public : limite aux droits et libertés fondamentaux en période normale

Pour Yves MADIOT, « *les droits de l'homme sont les droits reconnus à la personne humaine au plan national et international et dont le respect assure dans un certain degré de civilisation, une conciliation entre l'affirmation de la dignité de la personne humaine et le maintien de l'ordre public* »[31]. Ainsi, le souci du maintient de l'ordre va de pair avec celui de préserver les libertés, d'où un compromis permanent entre ces deux réalités apparemment contradictoires, mais qui en fait se complètent dans un Etat de droit.

Au Cameroun toutefois, la notion d'ordre public manque encore de précision. Elle apparaît davantage comme une notion fonctionnelle que conceptuelle. Dès lors, on comprend mieux l'observation du professeur Maurice KAMTO selon laquelle *« quelque soit l'intérêt, voire l'utilité pratique de cette notion d'ordre public, elle apparaît dangereuse par son élasticité due à l'imprécision de son contenu, la fluidité de celui-ci et sa variabilité en fonction des lieux et des époques. La qualité qui est en même temps le pire défaut de cette notion, c'est précisément sa malléabilité, son adaptabilité qui permettent à l'autorité administrative de l'interpréter presque toujours contre les libertés publiques »*[32].

Il s'agit de trouver dans un Etat de droit, un juste équilibre entre la nécessité de protéger la société et celle de garantir les droits et libertés fondamentaux. Mais avant, comment le droit positif camerounais consacre-t-il la protection de la société ?

---

31 Voir Yves MADIOT, *Droits de l'homme*, 2e éd, Paris : Masson, 1991.

32 Lire Maurice KAMTO, « Actes de gouvernement et droits de l'homme au Cameroun », *in Lex. Lata*, n° 26, mai 1996.

A. L'aménagement de la protection de l'ordre public

La protection de la société est une tâche qui incombe à tous les membres de la société bien que relevant par excellence de la compétence des autorités de police administrative et des autorités judiciaires. Ainsi, les autorités de police administrative exercent leurs missions sous le contrôle du juge[33]. C'est dire que le juge joue un rôle important dans la protection de la société.

S'agissant du magistrat du parquet, il est considéré comme le gardien de la société. Pour ce faire, le procureur de la république recherche les infractions préjudiciables à la société en même temps que les auteurs desdites infractions. Quant au juge administratif, il assure la garantie de la protection. Ce juge rend harmonieuses les relations entre les autorités chargées de la protection de la société et les membres de ladite société en ce sens qu'il sanctionne tout abus. Il se livre alors à un véritable contrôle de proportionnalité des mesures de police.

Tout en nous basant sur la loi N° 90/054 du 19 décembre 1990 portant maintien de l'ordre et sur la Constitution camerounaise du 18 janvier 1966, on constate que cette protection de la société s'est beaucoup accentuée sur le plan social et politique, au préjudice des droits et libertés fondamentaux.

1. La protection de l'ordre public au plan social

L'ordre public a deux composantes : l'ordre matériel et l'ordre immatériel.

La sécurité publique, la tranquillité publique et la salubrité publique : telles sont les composantes de l'ordre matériel. Sauvegarder l'ordre matériel, c'est protéger toutes

---

33 Voir Christophe VIMBERT, « L'ordre public dans la jurisprudence du Conseil constitutionnel », *Revue de droit public*, 1992, p. 728.

ces composantes qui sont des aspects concrets de la notion d'ordre public. C'est dans cette perspective que l'article 7 alinéa 2 de la loi n° 74/23 du 05 décembre 1974 portant organisation communale au Cameroun dispose que l'administration communale doit veiller à ce que *« rixes et disputes dans les rues, les attroupements, bruits et rassemblements nocturnes »* ne troublent pas la tranquillité publique. Elle est donc l'absence de troubles susceptibles de nuire à la société. La sécurité publique quant à elle est le besoin d'empêcher la survenance et l'aggravation de divers fléaux et accidents qui menacent la vie des individus et leurs biens. La sécurité publique concerne aussi bien la circulation sur les voies publiques que les immeubles menaçant ruine. Elle est aussi le fait d'empêcher les encombres dans les rues, les places et voies publiques. La salubrité publique étant la base de la santé publique, elle répond au souci d'empêcher par tous les moyens que les causes d'insalubrité par leurs conditions de propagation et de leur répercussion sociale prennent l'aspect de véritables désastres sociaux. Ces trois composantes de l'ordre matériel ne semblent pas tracer tous les contours de l'ordre public. Il faut y associer les éléments subjectifs relevant de l'ordre immatériel.

Maintenir l'ordre immatériel, c'est sauvegarder la moralité publique, l'esthétique publique et la décence publique. La moralité publique est protégée par les autorités de police administrative car elle entre dans l'ordre public lorsqu'il s'agit d'éviter un désordre matériel. Une parfaite illustration vient de la décision du Sous-préfet de Dschang n° 06/D/F34/BRAG/1 du 13 mai 1996, portant interdiction d'une œuvre musicale de l'album de l'artiste musicien Petit Pays, intitulé *« l'avocat des femmes »*, volume 1[34]. La décence publique est un élément autonome de l'ordre

---

[34] Lire Jacques BIPELE KEMFOUEDIO, La protection de la société et les libertés publiques, Mémoire de maîtrise, Université de Dschang, 1997, 51 p, p. 7.

public. La seule atteinte à la décence publique équivaut à l'atteinte à l'ordre public. La décence publique est la manière par laquelle les hommes sont traités dans la société. La sauvegarde de l'esthétique publique, c'est-à-dire de l'environnement architectural ou naturel est une tâche qui incombe à l'Etat. L'atteinte à cet environnement constitue l'atteinte à l'ordre public et le Président Paul BIYA salue et loue l'esthétique publique en ces termes : *« je reste persuadé que le discernement du beau est une étape enrichissante vers le discernement du bien, que la promotion du beau concourt à la promotion du bien »*[35].

L'atteinte à l'esthétique publique correspond donc à l'atteinte à l'ordre public et en pareille situation, les autorités de police administrative[36] interviennent pour restreindre l'exercice des libertés fondamentales[37]. Le droit camerounais consacre également la protection de la société au plan politique.

---

[35] Voir Paul BIYA, *Pour le libéralisme communautaire*, Paris : Favre, 1986, p. 113.

[36] La loi n° 90/054 du 19 décembre 1990 relative à l'ordre public n'a pas donné la liste des autorités habilitées à intervenir en cas d'atteintes à l'ordre public. Mais, nous référant au droit positif, ces autorités sont : au niveau suprême et conformément à l'article 8 alinéa 8 et à l'article 12 alinéa 3 de la Constitution du 18 janvier 1996, le président de la République et le Premier ministre ; en deuxième position, les ministres, les gouverneurs, les préfets et les sous-préfets, sont des autorités de police générale. En dernière position, le maire est dans le cadre de la commune, officier de police administrative. Il participe comme agent de l'Etat à la police d'Etat en ce sens qu'il exécute les mesures de sûreté générale. Toutes ces autorités de police administrative générale sont appelées à intervenir pour préserver ou rétablir l'ordre public.

[37] Article 2 de la loi n° 90/054 du 19 décembre 1990 relative au maintien de l'ordre public.

2. La protection de l'ordre public au plan politique

L'Etat camerounais, pour se défendre, fait respecter les principes démocratiques et les principes républicains d'organisation de l'Etat.

Les principes démocratiques sont un ensemble de principes qui caractérisent un Etat de droit et permettent au peuple d'exercer sa souveraineté. Au nombre de ces principes, nous avons le principe de la souveraineté nationale consacré par l'article 2 de la Constitution du 18 janvier 1996. Son article 3 dispose : *« les partis et formations politique doivent respecter les principes de la démocratie, de la souveraineté et de l'unité nationale ».*

Les principes démocratiques énoncent que les autorités chargées de diriger l'Etat tiennent leur pouvoir du peuple par voie d'élection au suffrage universel direct ou indirect. L'Etat doit lutter contre toutes personnes, tous partis et formations politiques ayant pour objectif de porter atteinte aux principes démocratiques. Toutefois, l'objet de la défense des principes démocratiques de l'organisation de l'Etat étant la protection en vue du maintien de l'ordre des organes de l'Etat, les libertés et droits fondamentaux peuvent se trouver restreints, car les titulaires seront obligés de respecter ces principes.

Les principes républicains visent à garantir la forme républicaine et son intangibilité. La Constitution camerounaise protège la forme républicaine de l'Etat. Il s'agit de la désignation officielle qui est *« République du Cameroun »,* de l'indivisibilité du Cameroun. En revanche, comme pour les principes démocratiques, la réglementation des principes républicains n'est pas favorable aux droits fondamentaux. Ceux-ci se trouvent restreints au profit du respect des principes républicains[38].

---

[38] Lire Jacques BIPELE KEMFOUEDIO, La protection de la société et les libertés publiques, *op. cit*, p. 12.

Ainsi, le problème dans notre législation, comme l'affirme le professeur POUGOUE est que : *« la sauvegarde de l'ordre public qui est un objectif constitutionnel comme l'exercice des libertés n'est pas contrôlée par le Conseil constitutionnel. Puisqu'on a fait des libertés un objectif de valeur constitutionnelle, il faudrait qu'on fasse de l'ordre public, un objectif également de valeur constitutionnelle de telle sorte que le Conseil constitutionnel puisse contrôler que lorsqu'on invoque l'ordre public, il y ait réellement ordre public ».* D'où la conciliation entre la protection de la société et les droits et libertés fondamentaux.

B. La conciliation entre l'ordre public et les droits et libertés fondamentaux

« L'ordre public et les libertés fondamentales doivent s'épauler mutuellement, ils doivent être favorables l'un à l'autre »[39]. Dans un Etat démocratique, *« ces deux situations juridiques sont donc inséparables, c'est-à-dire consubstantielles »*[40]. Il s'agit de trouver dans un Etat de droit, un juste équilibre entre la nécessité de protéger la société et celle de garantir les libertés fondamentales[41]. Il est indispensable de relever l'importance du juge dans cette conciliation. En effet, c'est lui qui exerce le contrôle de proportionnalité entre la légitime nécessité de l'ordre public et les exigences d'une liberté donnée. Bref, le juge assure la garantie de la conciliation entre la protection de la société et les libertés fondamentales. Le droit camerounais a tenté de concilier ces deux situations juridiques ; mais cette conciliation se heurte à de nombreuses difficultés.

---

[39] Voir Georges BURDEAU, *Les libertés publiques*, 4e éd, Paris : LGDJ, 1972, p. 30.

[40] Voir Christophe VIMBERT, « L'ordre public dans la jurisprudence du Conseil constitutionnel », *op. cit*, p. 719.

[41] Lire François ANOUKAHA, « Droit pénal et démocratie en Afrique noire Francophone : l'expérience Camerounaise », *in Juridis- info* n° 23, juillet – Août – Septembre 1995, p. 72.

1. La tentative de conciliation

Concilier la protection de la société et les libertés fondamentales, c'est rechercher un juste équilibre entre elles. La paix sociale ne serait compatible avec la dignité humaine que grâce à un compromis où chacun des antagonistes sacrifierait un peu de ses droits pour fonder un ordre juridique sensiblement analogue à celui qu'illustre la paix armée dans le domaine national et international. L'ordre public n'a de raison d'être que s'il favorise l'épanouissement de l'homme qui n'est pas concevable sans liberté. Il suit de là que, la liberté et l'ordre public, loin de se dresser dans une opposition fatale, sont par leur essence même solidaires[42].

Dans un Etat démocratique, ce serait une hérésie de concevoir l'ordre public comme un *« cimetière »* des droits et libertés fondamentaux. En réalité, l'ordre public doit être un aménagement des libertés fondamentales. Selon M. BURDEAU, *« l'ordre public dans un Etat de droit ne doit pas étouffer les libertés publiques mais doit plutôt les définir »*[43]. Toutefois, si les libertés doivent être conçues en fonction de l'ordre public, celui-ci à son tour ne peut être compris qu'à travers les libertés dont il assure l'exercice. L'ordre public et les libertés fondamentales sont donc appelés à être nécessaires et favorables l'un à l'autre dans l'idée de droit. C'est dans cette perspective qu'il est indispensable de réglementer les libertés fondamentales dans l'intérêt de l'ordre public d'une part et d'autre part de réglementer l'ordre public aussi dans l'intérêt des libertés fondamentales.

Les libertés fondamentales pour être mieux exercées, doivent se conformer à l'ordre public. C'est dans cette perspective que les régimes répressif et préventif ont été instaurés dans le droit camerounais.

---

42 Lire Georges BURDEAU, *Les libertés publiques*, *op. cit*, p. 30.
43 *Ibid*, p. 33.

Il y'a régime répressif lorsque l'Etat laisse le citoyen libre d'agir selon sa propre détermination, quitte à l'obliger à subir les conséquences de ses actes s'ils sont contraires au droit positif. En ce cas, l'individu aura été libre d'agir, mais l'usage abusif qu'il aura fait de sa liberté l'expose à des sanctions et à l'obligation de réparer les dommages qu'il aura pu causer. Par la primauté qu'il accorde aux droits fondamentaux, le régime répressif est aussi qualifié de régime de droit. Il est le plus conforme au système libéral des droits et libertés fondamentaux de l'homme. Ce régime met en exergue le principe selon lequel *« la liberté est la règle et la restriction à la liberté, l'exception »*. La déclaration préalable[44] semble être son instrument juridique privilégié.

Il y'a en revanche régime préventif lorsque l'autorité publique impose préventivement des obligations aux individus de manière à empêcher dans la mesure du possible, le fait ou l'acte contraire au droit positif. Par la place qu'il accorde à la police administrative, le régime préventif est également appelé régime de police. Un tel régime est incompatible avec le maintien de la liberté. Ici, l'individu

---

[44] Il existe deux sortes de déclaration préalable : la déclaration préalable simple et celle assortie d'un pouvoir d'opposition de l'administration. La déclaration simple est généralement exigée pour l'exercice des activités privées que l'administration veut surveiller d'assez loin. C'est le procédé qui comporte le moins d'intrusion de l'administration dans l'activité concernée. En droit camerounais, si la déclaration est régulière, l'autorité administrative délivre un récépissé. La loi n° 90/055 du 19 décembre 1990 sur les manifestations publiques a bien prévu cela. La déclaration simple dans son principe ne limite en rien l'exercice de la liberté. Cette autorisation est parfaitement compatible avec la liberté. S'agissant de la déclaration assortie d'un pouvoir d'opposition de l'administration, la loi n° 90/053 du 19 décembre 1990 en son article 7 alinéa 1 prévoit « *qu'un récépissé est délivré à l'association dès que le dossier est complet, si la dite association n'est pas frappée de nullité* ». Ces dispositions laissent une marge d'appréciation à l'administration. Dans une telle situation, la déclaration n'est plus au service d'un régime libéral. On n'est plutôt proche d'un régime semblable à celui de police, encore appelé régime préventif.

n'est pas maître de ses comportements. Il est soumis avant l'exercice d'une liberté à un régime d'autorisation préalable[45]. Celle-ci se présente en pratique sous des formes diverses : agrément, approbation, licence, visa, permis, enregistrement, carte professionnelle.

L'interdiction comme procédé du régime préventif est sans doute le plus rigoureux, car il aboutit à supprimer l'exercice de la liberté. Elle peut s'appliquer à toute liberté et l'administration peut interdire l'utilisation d'une liberté si celle-ci est de nature à troubler l'ordre public. Bien plus, une liberté ayant fait l'objet d'une autorisation préalable au plan national, peut être interdite au plan local. Il suffit que les conditions locales exigent une réglementation particulière plus limitative que celle adoptée au plan national[46].

Dans un Etat démocratique, l'ordre public doit aussi être favorable aux libertés fondamentales. Ces dernières ne doivent pas être réglementées dans l'intérêt de l'ordre public. La mesure de police peut être annulée en cas d'excès de pouvoir, qui peut à son tour ouvrir la porte de la réparation du préjudice subi par la victime. L'ordre public n'a de raison d'être qu'en tant qu'il favorise l'épanouissement de l'homme qui n'est pas concevable sans liberté. Ainsi, la liberté pour être socialement une force positive suppose l'ordre public. L'ordre public dans un Etat de droit doit donc être favorable à la liberté. C'est ce que VIMBERT appelle *« ordre public*

---

45 L'autorisation administrative préalable peut être accordée par un acte administratif explicite ou exprès ou encore par une décision administrative tacite résultant du silence gardé par l'administration au terme d'un délai prescrit. Lire Célestin KEUTCHA TCHAPNGA, « L'autorisation tacite, cinq ans après sa consécration en droit positif camerounais », *in Juridis-périodique n°26*, octobre-novembre-décembre 1996, p. 13.

46 Jacques BIPELE KEMFOUEDIO, La protection de la société et les libertés publiques, *op. cit*, p. 31.

libéral »[47]. C'est dans l'ordre public que les libertés fondamentales pourront mieux s'exercer.

Mais, la conciliation entre l'ordre public et les droits et libertés fondamentaux semble être approximative. De nombreuses difficultés se dressent au travers de ce chemin.

2. Les difficultés de conciliation

Ces difficultés sont d'ordre politique, juridique et institutionnel. Ainsi parfois, les libertés sont restreintes au profit de la sauvegarde d'intérêts partisans. Pour préserver la stabilité du régime, les pouvoirs publics sont parfois obligés d'interdire certaines libertés. Les obstacles juridiques ont trait à la procédure de saisine du juge et la lenteur de celui-ci dans sa prise de décision. Pour un recours en excès de pouvoir portant interdiction d'exercice d'une liberté, si la décision doit intervenir deux ans après l'interdiction, la satisfaction n'est que morale[48]. L'absence de moyens pour contraindre l'Etat à s'exécuter, l'absence d'un contrôle efficace de constitutionnalité des lois au Cameroun, peuvent également être évoqués.

Au titre des barrières institutionnelles, on note la faible déconcentration pratique des tribunaux administratifs créés par région ; la faible décentralisation des organes non-juridictionnels chargés de la protection des droits fondamentaux ; l'absence d'institutions spécialisées compétentes pour garantir les libertés fondamentales, comme le médiateur français ou sénégalais.

---

[47] Christophe VIMBERT, « L'ordre public dans la jurisprudence du Conseil constitutionnel », *op. cit*, p. 720.

[48] Voir Rose DJILA, « Contribution à l'étude de la protection de la liberté individuelle au Cameroun depuis 1990 », *in Juridis-périodique n°26*, Avril-mai-juin 1996, p. 96.

Dans cette perspective, les actes administratifs doivent sauvegarder les intérêts de la société et ceux des droits et libertés fondamentaux. Le processus de démocratisation semble important et d'ailleurs même irremplaçable pour une véritable conciliation. Mais la consolidation de cette démocratie n'est pas encore achevée. Les pouvoirs publics devraient donc respecter les exigences d'ordre public et celles des libertés fondamentales pour permettre une conciliation entre ces deux situations juridiques.

Par ailleurs, sur le plan juridique, il faut consolider le statut du juge, réaménager l'appareil juridictionnel et conférer une véritable autonomie aux organes non-juridictionnels chargés de la promotion et la protection des droits fondamentaux. Il faut que l'Etat se donne les moyens de sa politique et que l'administration allège son contrôle sur leur fonctionnement. S'agissant de l'exécution des décisions de justice par l'Etat, il nous semble difficile d'envisager une quelconque solution. Disons tout simplement qu'en l'absence d'une exécution forcée contre l'Etat, l'exécution ne peut se faire que par la volonté de ce dernier. Enfin, l'urgence s'impose de l'institution d'un contrôle de constitutionnalité efficace des lois au Cameroun, comme c'est le cas dans les démocraties pluralistes. Il s'agit ici d'instaurer un contrôle maximum de la constitutionnalité des lois. Une telle modalité ouvre le contrôle par voie d'action et par voie d'exception. Ce qui signifie qu'un particulier peut saisir le juge constitutionnel pour une loi qu'il juge inconstitutionnelle et lui faisant grief. L'on devrait également aboutir à la déconcentration effective de la justice administrative[49], apte à jouer sa partition pendant les périodes de crise.

[49] Jacques BIPELE KEMFOUEDIO, La protection de la société et les libertés publiques, *op. cit*, p. 41.

Paragraphe 2. Les régimes d'exception et de restriction : mise en cause du principe de légalité en période de crise

Il s'agit des régimes de restriction d'origine constitutionnelle et législative, de l'acte de gouvernement et de l'intérêt supérieur de l'Etat, justificatif aux actes politiques irréguliers.

A. Les régimes de restriction d'origine constitutionnelle et législative

Il faut tour à tour analyser l'état d'urgence et l'état d'exception.

1. L'état d'urgence : article 9 alinéa 1 de la Constitution du 18 janvier 1996 et loi n°90/047 du 19 décembre 1990

Un certain nombre de conditions doivent être réunies pour que l'état d'urgence produise des effets. Aux termes de l'article 1 de la loi N° 90/047 du 19 décembre 1990 portant instauration de l'état d'urgence, trois cas de figure doivent être distingués : l'état d'urgence peut être déclaré sur tout ou partie du territoire national, soit en cas d'une situation grave, soit en cas d'évènement présentant par leur nature et gravité, le caractère de calamité publique, soit en cas de trouble portant gravement atteinte à l'ordre public ou à la sûreté de l'Etat, soit en cas d'agression venant de l'extérieur.

L'état d'urgence entraîne un accroissement des pouvoirs de police, des autorités habilitées dans le décret le proclamant et de plein droit ceux du ministre de l'administration territoriale. Aux termes de l'article 5 alinéa 1 de la loi N° 90/047 du 19 décembre 1990, « *la circulation des personnes et des biens est soumise à des mesures restrictives et éventuellement à une autorisation administrative* ». L'alinéa 3 continue en ces termes : *« l'autorité administrative compétente doit interdire toutes réunions et publications de nature à entretenir le désordre »*. L'état d'urgence aboutit donc à la restriction des libertés fondamentales et les décrets présidentiels de 1986 et de 1992 instaurant l'état d'urgence dans certaines parties du territoire ont produit tous ces effets.

2. L'état d'exception : article 9 alinéa 2 de la Constitution du 18 janvier 1996

Pour que l'état d'exception soit instauré, un certain nombre de conditions doivent être réunies. Ces conditions ressortent clairement des dispositions de l'article 9 alinéa 2. Aux termes de cet article, *« il faut un péril grave menaçant l'intégrité du territoire, la vie, l'indépendance ou les institutions de la République »*. L'état d'exception est proclamé par décret présidentiel. Une fois proclamé, l'état d'exception commence à produire des effets. Ceux-ci semblent être les mêmes que les effets de l'état d'urgence. On assiste à un accroissement des pouvoirs de police et à une restriction des libertés fondamentales.

Mais, à toutes fins utiles, n'est-il pas nécessaire d'imposer au président de la République, une concertation avec le président du Conseil constitutionnel et celui de l'Assemblée nationale avant l'instauration d'un état d'urgence ou d'un état d'exception ?[50]

Il y'a enfin, comme le précise le professeur Paul Gérard POUGOUE, le régime de la garde à vue administrative qui est prévu par le dernier alinéa de l'article 2 de la loi du 19 décembre 1990 relative au maintien de l'ordre public dans le cadre de la lutte contre le grand banditisme.

---

[50] Jacques BIPELE KEMFOUEDIO, La protection de la société et les libertés publiques, *op. cit.*, p. 14.

Sur le terrain, ce que l'on constate, c'est que l'on va au-delà de la loi. Au sens de la loi, il s'agit uniquement d'un régime dérogatoire en cas de grand banditisme au sens du droit pénal[51], contrairement aux actes de gouvernement.

B. L'invocation de la notion d'actes de gouvernement

Aux termes de l'article 9 de l'ordonnance N° 72/06 du 26 Août 1972 portant organisation de la Cour suprême du Cameroun, *« aucune Cour, aucun tribunal ne peut connaître des actes de gouvernement »*. Ce texte ne définit pas ce que l'on entend par acte de gouvernement. Pourtant, il sera le plus souvent invoqué par les autorités administratives pour tenter de soustraire à la connaissance du juge certains actes de l'administration puisqu'il confère auxdits actes une complète immunité juridictionnelle. En effet, par opposition à la France, pays d'origine de cette notion où elle a d'ailleurs déjà trouvé une définition jurisprudentielle, le Cameroun n'a encore qu'une conception problématique de l'acte de gouvernement. Ce qui nécessite une nouvelle redéfinition de cette notion.

1. La conception camerounaise d'actes de gouvernement

L'absence d'une définition stable de la notion d'actes de gouvernement au Cameroun est doublée par l'extension de son champ d'application.

La jurisprudence a essayé de donner une énonciation claire à cette notion en droit camerounais dans plusieurs affaires[52] en adoptant la position française dégagée depuis

---

51 Paul Gérard POUGOUE, « La problématique des droits de l'homme », *op. cit.*, p. 203.

52 Affaire *KOUANG Guillaume Charles c/ Etat du Cameroun*, Affaire *ESSOMBA Marc Antoine c/ Etat du Cameroun*, respectivement jugement

l'arrêt prince Napoléon. En effet, dans les affaires sus-énoncées, le représentant de l'Etat soutenait que les actes de désignation des chefs traditionnels notamment les arrêtés ministériels étaient des actes de gouvernement[53]. Mais la chambre administrative de la Cour suprême estime que contrairement aux arguments du représentant de l'Etat, *« les actes de gouvernement (…) intéressent les rapports du gouvernement avec le parlement, soit les rapports du gouvernement avec l'étranger dans le domaine international ou diplomatique ; seuls ces actes sont insusceptibles de recours contentieux »*[54].

Par ces termes, le juge administratif camerounais semble rejeter le critère du mobile politique. Pourtant, il va y retourner par la suite, obscurcissant ainsi la notion et ouvrant la voie à l'arbitraire. Dans cette optique, il s'écartera de la jurisprudence antérieure en réintroduisant le mobile politique dans la définition de l'acte de gouvernement notamment dans l'affaire *ESSOUGOU Benoît*[55]. Le juge dit en substance que *« l'acte de gouvernement est un acte ayant un caractère essentiellement politique dont la décision appartient essentiellement au gouvernement »*. Ce qui justifie certainement l'extension de son champ d'application.

Le champ d'application de cette notion a été étendu par certaines lois qui confèrent une immunité juridictionnelle à certains actes de l'administration. Tel est le cas de la loi N° 80/031 du 27 novembre 1980 dessaisissant les juridictions

---

ADD n°66/CS/CA du 3 mai 1979 et jugement N° 7/CS/CA du 29 novembre 1979, analysés par BINYOUM J, « Bilan de 20 ans de jurisprudence administrative de la Cour suprême du Cameroun », *RCD*, 1978, p. 97.

[53] Pour d'amples explications à ce sujet, voir Roger Gabriel NLEP, *L'administration publique camerounaise : Contribution à l'étude des systèmes africains d'administration publique*, Paris : LGDJ, 1986, p. 290.

[54] Pour une analyse exhaustive de ces décisions, lire Maurice KAMTO, « Actes de gouvernement et droits de l'homme », *op. cit*, p. 10.

[55] Jugement N°34/CS/01/79-80 du 24 avril 1980 et Arrêt confirmatif N° 18/A du 19 mars 1981.

administratives des affaires relatives aux contestations soulevées à l'occasion de la désignation des chefs traditionnels, la loi N° 64/LF/16 du 26 juin 1964 sur la répression du terrorisme[56]. Cette dernière loi crée une *« immunité juridictionnelle pour les dommages causés par les activités terroristes »*[57].

Il faut tout de même noter que l'immunité juridictionnelle est limitée au seul contentieux de la réparation dès lors qu'elle dépend exclusivement du chef de l'Etat qui *« peut accorder aux victimes du terrorisme ou de sa répression particulièrement digne d'intérêt (…), des secours, dans la limite des crédits ouverts à cette fin »*[58]. Cependant, ce n'est pas le fait dommageable du fait des activités terroristes ou de sa répression qui revêt le caractère d'un acte de gouvernement, mais éventuellement la décision du chef de l'Etat en raison de son caractère souverain[59]. C'est en application de cette loi que l'Assemblée plénière de la Cour fédérale de justice a déclaré irrecevable le recours de la société forestière de la Sanaga[60]. L'extension de ce champ d'application nous impose une nouvelle redéfinition de l'acte de gouvernement.

---

[56] Lire J. BINYOUM, « Bilan de 20 ans de jurisprudence administrative de la Cour suprême du Cameroun », *op. cit*, p. 29.

[57] Maurice KAMTO, « Actes de gouvernement et droits de l'homme », *op. cit*, p. 12.

[58] Article 7 de la loi du 26 juin 1964 sur la répression du terrorisme.

[59] Voir à ce sujet Roger Gabriel NLEP, *L'administration publique camerounaise : contribution à l'étude des systèmes africains d'administration publique*, p. 226 et 297.

[60] CFJ/AP arrêt N° 5 du 15 mars 1967, *Société forestière de la Sanaga c/Etat du Cameroun*, Recueil BOUYOM, Yaoundé : KENKOSOW, TI, N° 23, p. 109.

2. La nécessité d'une nouvelle redéfinition de l'acte de gouvernement

Pour poser des barrières au risque d'arbitraire du pouvoir exécutif, arbitraire qui se manifesterait par une manipulation politique de cette notion, une définition stricte de l'acte de gouvernement devient nécessaire. Pour ce faire, l'adoption définitive de la conception technique de l'arrêt Prince Napoléon est souhaitable à telle enseigne que *« si les actes qualifiés en droit actes de gouvernement sont discrétionnaires de par leur nature, la sphère à laquelle appartient cette qualification ne s'aurait s'étendre arbitrairement au gré des gouvernants »*[61].

Quoi qu'il en soit, les multiples souhaits sont d'autant plus importants qu'une autre notion, celle d'intérêt supérieur de l'Etat, constitue à côté de l'acte de gouvernement, un autre moyen pour justifier les actes politiques irréguliers.

C. La notion d'intérêt supérieur de l'Etat

A cette notion, on rapproche souvent celle de Raison d'Etat[62]. En effet, son contenu n'étant pas défini, il s'agit *« d'une notion éminemment politique et non pas juridique »*[63]. Puisque seule l'autorité chargée de la préserver possède le pouvoir d'appréciation. Ainsi, du point de vue de la garantie des libertés fondamentales et de la sécurité des citoyens, c'est l'autorité investie du pouvoir exécutif. Plus important encore est de signaler que *« l'intérêt supérieur de l'Etat permettra de conférer une immunité juridictionnelle aux actes administratifs, les*

---

61 Maurice KAMTO, « Actes de gouvernement et droits de l'homme », *op. cit*, p. 11.

62 Voir Préambule de la Constitution révisée du 02 juin 1972 qui proclame que : *« La liberté et la sécurité sont garanties à chaque individu dans le respect des droits d'autrui et de l'intérêt supérieur de l'Etat ».*

63 Maurice KAMTO, « Actes de gouvernement et droits de l'homme », *op. cit*, p. 12.

soustrayant à tout contrôle juridictionnel »[64]. Nous pourrons tout simplement déplorer le fait que l'indétermination de cette notion sur le plan normatif *« expose à la tentation de l'arbitraire, l'autorité chargée de la manipuler ; ainsi par exemple, sera-t-elle invoquée pour justifier les actes politiques juridiquement irréguliers »*[65].

Au total, les raisons politiques ne sont pas toujours de nature à aller dans le sens de la protection des droits fondamentaux des citoyens, tout simplement parce qu'étant floues et fluides, la raison d'Etat ou même l'intérêt supérieur de l'Etat *« rend possible l'usage arbitraire du pouvoir par ceux qui s'en trouvent dépositaires. Se situant au dessus des lois, ne reconnaissant ni règles ni limites, au nom d'un salut public (…), elle rend possible tous les abus, tous les excès du pouvoir dépourvus de contrôle et de limite »*[66]. C'est pourquoi, on formule le vœu que la préférence aille, dans l'intérêt de l'Etat de droit, aux notions juridiques, débarrassées de toute connotation politique. Autrement, l'Etat de droit et la démocratie ne sauraient véritablement s'enraciner dans la société.

Section 2. Sur le plan social : le faible enracinement de l'Etat de droit et de la démocratie dans la société

En matière de droits fondamentaux au Cameroun, les difficultés sont plus sensibles qu'ailleurs parce qu'on se heurte ici à la méfiance du gouvernement. Malgré les faiblesses du système judiciaire, le Cameroun continue toujours de clamer son attachement à l'indépendance et l'impartialité du pouvoir judiciaire. Pourtant, des proclamations de principe ne suffisent pas à faire de la justice la clef de voûte de l'Etat de droit. Ce qui justifie

64 *Ibid*, p. 12.
65 *Ibid*, p. 13.
66 *Ibid*, p. 13.

certainement la crise de crédit du droit camerounais et la privatisation des fonctions régaliennes.

Paragraphe 1. Les faiblesses du système judiciaire

Dans la perspective de construction d'un Etat de droit, le professeur Benjamin BOUMAKANI fait remarquer que *« le juge apparaît comme la clef de voûte et la condition de sa réalisation »*[67]. La hiérarchie des normes ne devient effective que si elle est juridictionnellement sanctionnée par le juge, et les droits fondamentaux ne sont réellement garantis que s'il est là pour en assurer la protection. Une telle mise en avant du juge suppose que la justice soit indépendante, accessible, qu'elle réponde aux attentes de la société et qu'elle inspire confiance.

Or, sur ces différents registres, les exemples en ce sens sont rares au Cameroun, tout tend plutôt à montrer que l'on est encore loin du compte sur le terrain d'une justice indépendante et crédible[68], à la fois sur le plan fonctionnel et structurel.

A. Sur le plan fonctionnel

L'indépendance de la magistrature tant de fois proclamée ne garantit pas le juste équilibre souhaité entre le

---

[67] Lire Benjamin BOUMAKANI, « L'Etat de droit en Afrique Centrale », *Annales de la FSJP de l'Université de Dschang*, t. 1, vol 2, PUA, 1997, p. 87-106, p. 102.

[68] Voir le tableau dressé par le professeur Gérard CONAC, « Le juge et la construction de l'Etat de droit en Afrique francophone », *in L'Etat de droit, Mélanges en l'honneur de Guy BRAIBANT*, Paris : Dalloz, 1996, p. 105 ; sur les débats et les enjeux de cette question au Congo sous l'empire de la Constitution du 15 mars 1992, lire Jean Didier BOUKONGOU, « Indépendance du pouvoir judiciaire et protection des droits de l'homme au Congo à la lumière des deux décisions de la Cour suprême du 2 août 1996 », *Penant,* septembre-décembre 1997, p. 310.

pouvoir politique et le juge. Les conceptions souvent autocratiques du pouvoir des dirigeants politiques, l'absence de légitimité sociale, des relations sociales souvent verticalisées conduisent à placer la justice dans une dépendance de fait par rapport au pouvoir politique. La pleine conscience de l'indépendance qu'illustrent les prises de position courageuses de certains magistrats ne suffit pas à imposer l'institution de la justice comme une valeur centrale de la société. Cela est sans doute lié aux lenteurs judiciaires inhérentes à l'organisation de la justice, au statut juridique des magistrats, ainsi qu'à l'accès des justiciables à la justice.

1. Les lenteurs judiciaires

L'organisation judiciaire n'est pas très favorable à la célérité des procédures judiciaires. A la souplesse dans les affectations des magistrats, vient s'ajouter l'insuffisance du personnel judiciaire.

L'absence de dispositions sur le principe de l'inamovibilité dans la Constitution du 18 janvier 1996 et du décret de 1995 est notoire. Les pouvoirs publics et plus particulièrement le Président de la République[69] procèdent ainsi à des déplacements fréquents des magistrats, parfois pour des raisons politiques[70], aggravant la lenteur judiciaire et occasionnant souvent la disparition de certains dossiers. Sur un tout autre plan, l'absence d'autonomie budgétaire est une cause de la lenteur judiciaire. La justice doit par exemple, pour rémunérer le personnel ou acheter du matériel, attendre

---

[69] Article 6 du décret n° 95/048 du 8 mars 1995 portant statut de la magistrature.

[70] Voir René DEGNI-SEGUI, « L'accès à la justice et ses obstacles », *Colloque sur l'effectivité des droits fondamentaux dans les pays de la communauté Francophone à Port Louis les 29, 30 septembre et 1er octobre 1993*, AUPELF-UREF, Montréal, 1994, p. 241-254, p. 245.

la dotation du ministère de la justice. Cette attente peut constituer un blocage dans le traitement des dossiers.

L'insuffisance du personnel ici à un double sens : il s'agit d'un manque qualitatif et quantitatif de personnel. Au sens quantitatif, les magistrats sont en nombre insuffisants. Pour tout le Cameroun, l'école de magistrature ne forme qu'une quarantaine de magistrats tous les deux ans. Pourtant chaque année, il y'a des décès et des retraités au sein du service public de la justice[71]. Ce qui crée un vide que le recrutement tardif des nouveaux magistrats ne peut combler. On assiste à contrario à un engorgement du prétoire. Les magistrats en fonction sont parfois dépassés et préfèrent classer les dossiers sans suite.

Dans le sens qualitatif, l'on note une absence de spécialisation des magistrats. Elle contribue à la léthargie des contentieux, surtout administratif[72] où les seuls magistrats de formation privatiste se démultiplient. M. ABA'A OYONO note ainsi comme conséquence une lecture superficielle des dossiers, qui selon le professeur Alioune BADARA FALL, implique que *« le juge est incapable de fixer une jurisprudence fiable »*[73]. Cette situation déplorable provoque des inégalités de traitement des parties qui peuvent se permettre d'attendre plus longtemps un jugement. Il est néanmoins réconfortant de savoir qu'un effort est fourni pour améliorer le traitement égal des parties au procès. Les principes relatifs aux droits de

---

71 Il faut noter cependant l'importante réforme de la justice, visant à former et recruter plus de 400 magistrats, politique initiée par le Président de la République depuis quelques années, mais malheureusement transitoire.

72 Jean Calvin ABA'A OYONO, « Les mutations de la justice à la lumière du développement constitutionnel de 1996 », *Afrilex*, 2000/2001, p. 1-23, p. 21.

73 Alioune BADARA FALL, « Le statut du juge en Afrique », *Afrilex n° Spécial*, n°3, 2003, p. 2-34, p. 16.

la défense sont respectés[74], même si le fossé à combler reste énorme et ceci est valable pour le statut juridique des magistrats.

2. Le statut des magistrats

Lors des colloques et pendant les conversations entre individus, on s'est toujours plaint de la partialité des juges africains en général et camerounais en particulier. Parfois c'est à tord, car le juge camerounais a souvent fait preuve de courage[75] pour assurer une fonction particulièrement difficile dans des conditions politiques et sociales pesantes, en faisant respecter le droit et en assurant une véritable protection des libertés fondamentales[76]. Mais il ne s'agit cependant que de quelques exceptions. Car, la crédibilité du juge camerounais est sérieusement battue en brèche. Les origines de l'absence de crédibilité sont statutaires et liées à la proclamation « *vertueuse* » par le constituant camerounais de l'indépendance des magistrats et à l'absence du principe de l'inamovibilité[77].

Pour remplir sa mission de protection des libertés fondamentales, le juge doit être indépendant de toute contrainte et de toute pression. Le constituant camerounais, conscient de son importance, a fait de l'indépendance du

---

74 Voir Ahmadou KUTNJEM MBEYAP, Le droit à la justice au Cameroun (à l'origine de l'accélération de la modernisation du Code pénal camerounais), Mémoire présenté en vue de l'obtention du Diplôme d'Etudes Approfondies (DEA) en droits de la personne et de la démocratie, Université d'Abomey-Calavi, République du Bénin, 2004-2005, http://memoire-online.org (consulté le 6 juin 2016)

75 Lire Marie Louise ETEKI OTABELA, *Le totalitarisme des Etats africains : le cas du Cameroun*, Paris : l'Harmattan, 2001, 564 p, p. 516. Elle a fait l'éloge du juge lors du procès du jeune étudiant SENFO TOKAM, arrêté arbitrairement en 1991 lorsqu'il était étudiant à l'université de Yaoundé I.

76 Alioune BADARA FALL, « Le statut du juge en Afrique », *op. cit*, *ibid.*

77 Ahmadou KUTNJEM MBEYAP, Le droit à la justice au Cameroun, *op. cit*, *ibid.*

juge camerounais un principe constitutionnel. Au titre VI de la loi N° 96/06 qui traite du pouvoir judiciaire, le constituant a énoncé clairement que *« le pouvoir judiciaire est (…) indépendant du pouvoir exécutif et du pouvoir législatif (…). Les magistrats du siège ne relèvent que de la loi et de leur conscience »*[78].

Cette indépendance est organisée de manière spéciale et identique dans l'article 5 du décret N° 95/048 du 8 mars 1995 portant statut de la magistrature. Pour certains auteurs, « *l'indépendance implique que le juge a une image dans la société caractérisée par la neutralité, l'objectivité, l'impartialité, la loyauté, l'honnêteté, la dignité et l'abnégation* »[79].

Le juge administratif et le magistrat du parquet ne semblent pas bénéficier de cette indépendance car le titre VI ne traite que du juge judiciaire, magistrat du siège. Il reste que malgré le privilège dont jouit ce dernier, toutes ces catégories de juges sont caractérisées par une dépendance vis-à-vis de l'exécutif et du *« pouvoir social »*. Le juge administratif est par présomption soupçonné de partialité en faveur de l'administration, car comme le dit le professeur François CHEVALLIER : *« les justiciables s'expliquent mal que l'existence de cet ordre de juridiction spécial à l'administration soit totalement étrangère à toute idée de privilège »*[80].

La dépendance du magistrat du siège est évidente malgré son statut. C'est ce que M. Jean Calvin ABA'A OYONO qualifie de *« trompe l'œil constitutionnel »*[81]. Le magistrat du siège est soumis à des pressions politiques de toute sorte. Les pouvoirs publics cherchent à maîtriser l'appareil judiciaire en faisant complètement fi des principes

---

[78] Article 37 alinéa 2 de la loi N° 96/06 du 18 janvier 1996.

[79] Paul ZBIGNIEW NLEP DIME, La garantie constitutionnelle des droits fondamentaux au Cameroun, *op. cit, ibid.*

[80] Voir François CHEVALLIER, « Le droit au juge devant les juridictions administratives », in RIDEAU Joël (dir.), *Le droit au juge dans l'Union Européenne*, Paris : LGDJ, 229 p, p. 181-190, p. 188.

[81] Jean Calvin ABA'A OYONO, « Les mutations de la justice à la lumière du développement constitutionnel de 1996 », *op. cit*, p. 1-23.

constitutionnels d'indépendance. Plus gênante est la situation des procureurs de la république qui, selon l'article 3 du décret N° 95/048 de mars 1995 portant statut de la magistrature, sont hiérarchiquement subordonnés au ministre de la justice, grade des sceaux. Les propos de Me. DOUALA MOUTOME sont révélateurs : *« en attendant de changer le système judiciaire, le juge est entièrement indépendant, le magistrat du parquet est tenu à certaines obligations qui atténuent quelque peu son indépendance »*[82].

Même si les procureurs échappent parfois à l'emprise du ministre de la justice en vertu de l'adage selon lequel « *la plume est serve et la parole libre* », aucun ordre de magistrats n'échappe au Président de la République qui est garant de l'indépendance du pouvoir judiciaire. Pour M. Jean Calvin ABA'A, c'est *« une curieuse manière d'allouer le gardiennage de l'indépendance d'un pouvoir d'Etat à un autre alors que les deux se valent constitutionnellement »*[83]. Le professeur KAMTO affirme pourtant que *« l'indépendance du juge camerounais n'est pas menacée par le pouvoir politique »*[84]. En effet, le principe d'inamovibilité[85], gage d'une plus grande indépendance du juge est inconnu du constituant camerounais, ce qui le met à la merci de la manipulation du pouvoir politique. Il est, au contraire des constitutions béninoise[86], française et anglaise qui ont consacré le principe de l'inamovibilité des magistrats

---

[82] *Ibid*, p. 14.

[83] *Ibid*, p. 14-15.

[84] Lire Maurice KAMTO, « Les mutations de la justice camerounaise à la lumière des développements constitutionnels de 1996 », *Revue Africaine des Sciences Juridiques*, vol. 1, 2000, n°1, p. 9-20, p. 9.

[85] L'inamovibilité du magistrat en général et des magistrats du siège en particulier, signifie que ceux-ci ne doivent faire l'objet d'aucune affectation par voie d'avancement sans leur consentement, sauf lorsque les besoins de service l'exigent. C'est une garantie pour la bonne administration de la justice.

[86] Article 126 de la constitution béninoise : « *Les magistrats du siège sont inamovibles* ».

du siège, absent de la Constitution camerounaise. Ce vide est favorable au pouvoir exécutif qui procède à des affectations pour des raisons parfois obscures et inavouées. Il s'agit souvent des affectations prévisions[87] ou des affectations sanctions[88]. Il serait souhaitable que le constituant camerounais suive l'audace de ses homologues français, béninois et congolais en consacrant le principe de l'inamovibilité du magistrat du siège[89].

Cependant, le magistrat camerounais est aussi menacé par le pouvoir social, c'est-à-dire le pouvoir d'argent et les pressions liées aux relations sociales diverses. En effet, la corruption qui sévit au Cameroun, n'épargne aucun corps. Mal payés, les juges camerounais ne manquent jamais de monnayer leurs services[90]. Selon le professeur Alioune BADARA FALL, « *la faible rémunération et le manque de moyens matériels qui en découle les placent dans une situation trop précaire pour qu'ils puissent jouir d'une certaine aisance. Il se demande si on*

---

[87] Au sujet des affectations prévisions, le subterfuge rarement perçu au départ consiste à affecter le juge d'une localité à une autre pour le dessaisir d'une affaire. Généralement, le juge affecté n'est pas de connivence avec le pouvoir en place, tandis que celui qui arrive lui fait allégeance (bon nombre de magistrats au Cameroun battent ouvertement campagne pour le pouvoir en place lors des campagnes électorales dans l'espoir d'obtenir des promotions à des postes de responsabilité). Les autorités qualifient cette situation d'affectation par nécessité de service. Alors qu'il s'agit de neutraliser des juges qui ne cèdent pas à l'influence du pouvoir politique. Une affectation proche de la sanction.

[88] Les affectations sanctions sont généralement des sanctions arbitraires. Nulle part dans le décret n° 95/048 du 8 mars 1995, il n'est prévu qu'une faute disciplinaire imputable à un magistrat donne lieu à une affectation. A moins de les classer à l'alinéa 3 de l'article 47 du décret parmi « *les autres sanctions qui peuvent être prononcées par décret du président de la République* ». Celui-ci sera donc affecté dans un coin reculé du pays où il sera isolé.

[89] Ahmadou KUTNJEM MBEYAP, Le droit à la justice au Cameroun, *op. cit, ibid.*

[90] Marie Louise ETEKI OTABELA, *Le totalitarisme des Etats africains : Le cas du Cameroun*, *op. cit*, p. 516.

peut concevoir qu'un juge vienne partager le même autobus avec un prévenu qu'il vient de condamner. Assurément non »[91].

Toutefois, la situation du juge camerounais ne l'abaisse pas encore jusqu'à ce niveau. Cependant, le fait qu'il possède son propre véhicule ne le met pas à l'abri des pressions autres que celles de l'argent. L'environnement socioculturel est très prégnant pour le magistrat camerounais. Pour Mme DJUIDJE, le juge judiciaire *« est prisonnier des contraintes liées aux notions de solidarité et de famille élargie que l'on rencontre dans la majorité des sociétés africaines »*[92]. De l'avis du professeur Maurice KAMTO, l'indépendance du juge est davantage menacée *« par des pressions intempestives, des affinités tribales et des comportements irresponsables de certains citoyens »*[93]. C'est ainsi qu'on note la séduction faite par les femmes en instance de divorce et venues au tribunal à cet effet. Ces différents maux affectent la crédibilité du juge et de l'institution judiciaire.

On peut se demander toutefois, si dans les conditions matérielles, statutaires, sociales et politiques satisfaisantes telle qu'on aurait voulu qu'elles fussent, le juge est en mesure de faire preuve d'intégrité. Ce qui pourrait peut être faciliter l'accès des justiciables à la justice.

3. L'accès à la justice

L'accès à la justice suppose « *une action faite par l'auteur d'une prétention afin d'être entendu par le juge pour qu'il la dise bien ou mal fondée* »[94]. Pour l'adversaire, l'action est le droit de

---

91 Alioune BADARA FALL, « Le statut du juge en Afrique », *op. cit*, p. 15.

92 Voir Brigitte DJUIDJE, « Le statut du juge judiciaire camerounais : un tableau contrasté », *Annales de la FSJP de l'Université de Dschang*, t. 3, PUA, 1999, p. 45-66, p. 46.

93 Maurice KAMTO, « Les mutations de la justice camerounaise à la lumière des développements constitutionnels de 1996 », *op. cit*, *ibid.*

94 Définition du Nouveau Code de procédure civile français reprise pour l'essentiel par le Nouveau Code de procédure pénale camerounais.

discuter le bien fondé de cette prétention. Il correspond pour le demandeur à la concrétisation du droit d'agir par l'introduction d'une demande en justice.

L'accès à la justice au Cameroun se caractérise par l'éloignement de la justice des justiciables, la cherté du procès et le refus manifeste de recourir à la justice étatique. L'on ne saurait passer sous silence les efforts qui sont consentis par l'Etat camerounais pour rapprocher la justice du justiciable[95]. Malgré ces efforts, le juge camerounais demeure toujours éloigné du justiciable. En effet, au Cameroun, il y'a une inégale répartition de certaines juridictions sur le territoire. Nous pouvons parler d'une véritable centralisation. C'est le cas par exemple de la juridiction administrative qui n'est située que dans la capitale politique, alors que la plupart des grandes villes sont situées à plus de 200 km de celle-ci. Les justiciables sont contraints de s'y déplacer avec tout le risque que cela comporte. Ceux-ci arrivent quant le contentieux a déjà eu lieu. C'est sans doute la persistance de ce phénomène déplorable qui a poussé le professeur SAWADOGO FILIGA Michel à envisager comme solution une « *décentralisation des juridictions dans les Etats africains* »[96].

L'auteur met ici en exergue le risque de disparité de l'unité de juridiction sur l'étendue du territoire national. En effet, la décentralisation organise sur le territoire national des circonscriptions administratives autonomes, c'est-à-dire au sein desquelles les populations ont des droits et une certaine capacité à décider d'*« elles même de certaines affaires publiques, des*

[95] Il y'a au moins un TPI dans chaque arrondissement, un TGI dans chaque département et une Cour d'appel au niveau des régions, la plus grande circonscription au Cameroun.

[96] Voir Michel SAWADOGO FILIGA, « L'accès à la justice en Afrique Francophone : problèmes et perspectives. Le cas du Burkina-Faso », *Colloque sur l'effectivité des droits fondamentaux dans les pays de la communauté Francophone à Port Louis les 29, 30 septembre et 1er octobre 1993*, Montréal : AUPELF-UREF, 1994, p. 295-309, p. 297.

affaires dites de proximité »[97]. De l'avis de certains auteurs, *« une telle institution n'est pour le moment pas souhaitable, d'autant plus que rien ne laisse entrevoir la mise en œuvre des régions créées par la loi constitutionnelle du 18 janvier 1996, par suite, de l'avis des autorités camerounaises, de l'absence de moyens financiers. Une déconcentration serait donc appropriée, surtout que celle-ci est simple et vise tout simplement à répartir sur le territoire national les juridictions dans les circonscriptions administratives, prolongement vers la périphérie du pouvoir central »*[98].

Le législateur camerounais a cru devoir résoudre le problème en créant dans chaque province des tribunaux administratifs[99]. L'autre fait majeur est la retombée de l'éventuel recours en cassation exercé devant la Cour d'appel. Une affaire cassée peut être renvoyée devant une autre Cour d'appel plus éloignée que celle de la circonscription du justiciable. Celui-ci se voit de ce fait contrait de débourser de l'argent supplémentaire pour le voyage et parfois l'hébergement. Un coût qui vient s'ajouter à celui du procès qui est déjà pour le justiciable une véritable gageure.

Le préambule de la loi constitutionnelle du 18 janvier 1996 affirme la gratuité de la justice à travers un alinéa 10 qui annonce que *« la loi assure à tous les hommes le droit de se faire rendre justice »*. Mais la gratuité, « *du reste mal comprise des africains perd tout son sens devant les frais élevés de l'instance que l'assistance justiciable limitée ne peut compenser (honoraires d'avocat et d'experts, timbres, consignations, frais et dépens). Le justiciable n'arrive pas en*

---

[97] Lire Charles NACK MBACK, « L'institution Communale au Cameroun : difficile mutation d'un double legs colonial », *in Revue Africaine de Parlementarisme et de Démocratie*, vol. 2, n°1, p. 128-154.

[98] Ahmadou KUTNJEM MBEYAP, Le droit à la justice au Cameroun, *op. cit, ibid.*

[99] Article 42 alinéa 2 de la loi du 18 janvier 1996 ; Loi n° 2006/022 du 29 décembre 2006 fixant l'organisation et le fonctionnement des tribunaux administratifs ; Loi n° 2006/16 du 27 décembre 2006 fixant l'organisation et le fonctionnement de la Cour suprême.

général à évaluer le coût total du procès. L'on assiste régulièrement à l'abandon du procès »[100].

La situation est si préoccupante que M. SOCKENG Roger s'est demandé : *« à quoi bon le service public de la justice, si à la longue, la majorité se trouve dans l'impossibilité de faire valoir ses droits pour des raisons d'ordre financier. Les riches, les plus puissants et les mieux organisés ont dans l'ensemble un accès facile et disposent de service de meilleure qualité »* [101]. Cette situation perdure malgré l'assistance judiciaire réglementée par la loi n° 2009/004 du 14 avril 2009 portant organisation de l'assistance judiciaire au Cameroun. Une assistance qui profite plutôt aux parties des grands centres urbains, car elle est mal connue dans les petites villes et les zones rurales. Par ailleurs, l'assistance ne dispense de certains frais de justice qu'après que l'assisté ait déboursé une importante somme d'argent pour l'avoir. Ce qui est à l'origine du refus manifeste de recourir à la justice étatique.

Les administrés refusent délibérément de recourir à la justice étatique parce qu'ils ont peur d'attaquer les pouvoirs publics. Le faire serait une audace qui les exposerait à des représailles. Le professeur Achille MBEMBE affirme d'ailleurs à ce sujet que : *« la culture du droit à l'occidental et les droits de l'homme en particulier, est essentiellement déficitaire dans une société camerounaise nourrie depuis des lustres de la sève de l'autocratie, de la répression et de l'asservissement de l'homme »*[102]. Pour le professeur Yves Marie MORISETTE, *« il se crée ainsi des zones de résistance à la justice. Certaines sectes religieuses, des communautés autochtones, la famille isole l'individu qui a engagé ou a l'intention d'engager le procès et le privent des moyens effectifs pour exercer ses*

---

100 René DEGNI-SEGUI, « L'accès à la justice et ses obstacles », *op. cit*, p. 246.

101 Cité par Ahmadou KUTNJEM MBEYAP, Le droit à la justice au Cameroun, *op. cit*, *ibid.*

102 Lire Achille MBEMBE, « Tradition de l'autoritarisme et problème de gouvernement en Afrique subsaharienne », *Revue Afrique et développement*, volume XVI, n° 1, 1992.

droits fondamentaux »[103]. Cette attitude est souvent adoptée au nom des traditions établies. Les traditions qui font que la communauté préfère des solutions négociées ou amiables au procès à l'occidental qui tranche et fait des gagnants et des perdants. Pour le justiciable africain en général, mieux vaut un *« mauvais arrangement qu'un bon procès »*. A côté de ces insuffisances fonctionnelles, il peut en être également relevé au plan structurel.

B. Sur le plan structurel

La justice camerounaise au plan structurel connaît un déficit énorme en infrastructure, auquel s'ajoute la complexité de la justice à travers un langage hermétique bien assis.

1. Le déficit infrastructurel

L'organisation judiciaire actuelle du Cameroun est non seulement le fruit d'une évolution historique, mais aussi fait l'objet d'une multitude de textes. En effet, les premières institutions judiciaires véritablement camerounaises voient le jour avec l'ordonnance n°59/86 du 17 décembre 1959 et le décret n°59/246 du 18 décembre 1959. Au lieu de refondre le système colonial, ces textes ont préféré apporter juste quelques modifications aux structures déjà existantes. La Constitution du 1er septembre 1961 qui a fait suite à la réunification des deux parties du Cameroun (la partie orientale sous domination française et la partie occidentale sous domination anglaise et rattachée administrativement au Nigéria) a institué une Cour Fédérale de Justice en matière

---

103 Voir Yves Marie MORISETTE, « L'accès à la justice comme moyen et comme fin », *in Colloque sur l'effectivité des droits fondamentaux dans les pays de la communauté Francophone à port Louis les 29, 30 septembre et 1er octobre 1993*, Montréal : AUPELF-UREF, 1994, p. 263-284.

administrative. Plus tard, en 1969, est intervenu le décret n°69/DF/544 du 19 décembre 1969, modifié en 1971 qui réorganise les juridictions traditionnelles. En 1972, il y a eu une importante réforme de l'organisation judiciaire à travers l'ordonnance n°72/04 du 26 août 1972 ; ce texte affecte surtout les juridictions de droit moderne, les juridictions de droit traditionnel demeurant régies par les textes de droit antérieurs. Cette ordonnance a constitué, pendant plus de trente ans, le texte de base en matière d'organisation judiciaire au Cameroun, même s'il avait entre-temps subi diverses modifications. Elle a été abrogée le 29 décembre 2006 par la loi n°2006/015 portant organisation judiciaire. A la suite de cette nouvelle loi, plusieurs autres textes particuliers ont été adoptés. Cependant, la loi n°2006/015 du 29 décembre 2006, n'est pas le seul texte qui organise la justice au Cameroun.

Des lois prises notamment en 2003, 2004, 2006, 2008 viennent compléter l'organisation judiciaire actuelle. Plusieurs traits caractérisent l'organisation judiciaire du Cameroun « *notamment : le désir de confier aux mêmes personnes, les magistrats de l'ordre judiciaire, les affaires civiles et pénales ; la volonté d'institutionnaliser une séparation aussi nette que possible entre le contentieux judiciaire, le contentieux administratif et le contentieux des comptes publics* »[104].

La conclusion qu'on tire de cette organisation, au regard de la création effective des juridictions est que leur mise en place est inachevée, surtout en ce qui concerne les TPI et les TGI. Quant aux juridictions traditionnelles, leur implantation reste imprécisée par les textes. Il en découle que la décentralisation des juridictions est faible, et que la couverture juridictionnelle du pays reste encore insuffisante en vue de rapprocher la justice des justiciables.

---

104 Lire Yvette Rachel KALIEU ELONGO, « Organisation judiciaire au Cameroun », in *Organisations judiciaires Cameroun*, 2015, 122 p, p. 95.

A ce définit infrastructurel, il faut ajouter la vétusté de certains *« palais »* de justice qui n'ont bénéficié depuis des années, ni d'un entretien, ni de travaux d'aménagement, ainsi que la dégradation rapide de celles modernes qui ne bénéficient pas toujours des conditions d'entretien minimales[105]. Le fonctionnement de la justice au plan structurel est aussi affecté par sa complexité.

2. La complexité de la justice

Contrairement aux membres de la Cour suprême, vêtus de leurs toges rouges aux couleurs rouges et coiffées de perruques blanches, « *les magistrats des juridictions inférieures et les avocats (au Burkina Faso) se vêtissent des toges noires. Si l'accoutrement des premiers ne suscite généralement pas beaucoup de commentaire, peut être parce qu'ils sont éloignés et peu fréquentés par les justiciables, celui des magistrats et des avocats inspire un certain sentiment de peur ou de crainte à l'égard du juge et de tout ce qui représente l'administration* »[106].

Le juge et l'avocat drapés dans leurs toges, rappellent le mauvais souvenir de l'administration coloniale. Georges RIPERT a pu qualifier cette toge de *« costume maintenu dans sa forme antique »*[107]. La situation du justiciable se complique davantage par le langage hermétique[108]. Comme la plupart des pays dans le monde, la justice camerounaise est stigmatisée à cause du langage hermétique dont elle se sert. C'est un langage réservé aux seuls initiés du droit. Il

---

105 Cyrille APALA MOIFFO, *Ibid.*, p. 59.

106 Lire S. YONABA, « Indépendance de la justice et droits de l'homme : le cas du Burkina – Faso », *Pioom Leiden*, 1997, p. 111.

107 Georges RIPERT, *Les forces créatrices du droit*, 2e éd., LGDJ, Paris, 1955, p. 11.

108 Voir Pierre COUVRAT, « L'accès à la justice et ses obstacles », *Colloques sur l'effectivité des droits fondamentaux dans les pays de la communauté Francophone à Port-Louis les 29,30 septembre et 1er octobre 1993*, Montréal, AUPELF-UREF, 1994, p. 257-261.

contribue à isoler davantage une grande frange de la population peu scolarisée ou simplement analphabète.

Le justiciable est-il donc condamné à rester à l'écart de la justice ? Pour pallier cette difficulté, des interprètes ont été mis à la disposition des justiciables dans les tribunaux. Mais le problème est que ces interprètes n'entrent en fonction que lors du procès. Comment le justiciable s'y prend-t-il pour y arriver ? Des efforts doivent être faits dans le sens de l'amélioration de l'accès à la justice par l'explication correcte des démarches à entreprendre et la simplification du langage judiciaire. Ainsi, pourrions-nous enfin comprendre que des proclamations de principe ne suffisent pas à faire de la justice la clef de voûte de l'Etat de droit. C'est ce qu'estime le professeur Benjamin BOUMAKANI lorsqu'il affirme que : *« s'il est indéniable que le juge doit y jouer un tel rôle, encore faut-il lui trouver un ancrage dans la société qui en fasse une valeur principale »*[109].

C'est pourquoi, « *il y'a tout lieu de dépasser l'opposition entre la justice moderne et la justice traditionnelle si on veut éviter les impasses actuelles d'une modernisation inachevable pour des raisons moins structurelles que socioculturelles et d'aller vers un pluralisme judiciaire dans lequel la justice étatique ne sera plus qu'un des acteurs privilégiés, mais non exclusif du règlement de conflits* »[110]. Même si le droit camerounais connaît par ailleurs un certain discrédit.

---

109 Benjamin BOUMAKANI, « Démocratie, droits de l'homme, et Etat de droit », *op. cit*, p. 104.

110 Sur cette question, outre la thèse d'Amsatou SOW SIDIBE, SOW SIBIDE (A), *Le pluralisme juridique en Afrique - L'exemple du droit successoral sénégalais*, Paris : LGDJ, 1991, 469 p, voir aussi Etienne LE ROY, « oser le pluralisme judiciaire », *Rapport introductif à la Conférence des ministres francophones de la justice,* dact., Le Caire, 1995, 28 p.

Paragraphe 2. La crise de crédit du droit

Le discrédit du droit est de plus en plus une réalité au Cameroun. Au-delà de cette crise de crédit du droit, il devient nécessaire de refonder le système juridique afin que l'Etat de droit rentre définitivement dans les mœurs camerounaises.

A. Le discrédit du droit

Les rédacteurs du Code civil français déclaraient dans leur rapport préliminaire : *« les lois ne sont pas des actes de pure puissance. Les lois sont faites pour les hommes et non les hommes pour les lois. Elles doivent être adaptées aux habitudes, à la situation du peuple pour lesquelles elles sont faites … »*[111]. Cette observation de bon sens à, semble-t-il, échappé aux grands dépens des peuples africains, autant au législateur colonial qu'au législateur post-colonial. L'un et l'autre ayant pris le parti de substituer le *« droit voulu »* au *« droit vécu »*, émanation même de la société qui a par la suite abouti au rejet du droit étranger comme droit exclusif de référence.

1. La substitution du droit voulu au droit vécu

D'un point de vue juridique, les droits traditionnels (coutumes) africains étaient soumis par la domination coloniale à un processus d'intégration. Partout, tant bien que mal, les coutumes devaient s'insérer dans l'ordonnancement juridique de l'Etat métropolitain. Elles n'y étaient tolérées que dans la mesure où elles n'en violaient pas les principes

---

111 Voir Gérard CONAC, « Les politiques juridiques des Etats d'Afrique francophone au lendemain des indépendances », *in Mélanges en l'honneur du professeur PEISER Gustave*, Presses universitaires de Grenoble, 1997, p. 144.

fondamentaux[112]. Le rôle du juge colonial était déterminant à cet effet avec le recours à la notion d'ordre public. Il faisait en effet, un large usage de cette notion pour limiter l'application des coutumes. C'était un moyen efficace d'éliminer tout ce qui pourrait choquer sa conception de l'ordre social. Il s'imposait ainsi en filtre éthique des traditions et des cultures locales au nom de la mission civilisatrice de la colonisation, ce qui en faisait véritablement un *«ordre public d'occidentalisation »*[113].

En accédant à la souveraineté internationale, le Cameroun était formellement libre de choisir sa politique juridique. Une alternative à trois branches se présentait à lui : Faire revivre le droit traditionnel en effaçant progressivement les séquelles de la législation coloniale ; penser et construire un droit nouveau ; accentuer l'évolution juridique tracée par le colonisateur.

C'est cette troisième voie qui sera choisie par le législateur post-colonial et qui explique, en grande partie, les dérives et le discrédit du droit au Cameroun. C'est ce mauvais choix historique qui place le juge camerounais en présence d'un droit applicable complexe. Il est hétérogène par ses sources : constitutions, lois, traités, mais aussi coutumes lorsque le législateur leur confère la valeur des règles juridiques. Il est un droit stratifié par l'histoire. Il se compose de plusieurs sédiments. Chaque couche amalgamant des droits d'inspiration variée : le droit précolonial avec les droits traditionnels au sens strict, le droit colonial, enfin, la couche la plus récente, celle du droit étatique dans laquelle la source formelle dissimule mal une grande diversité du point de vue matériel. Le juge est ainsi

---

112 Lire Gérard CONAC, « La vie du droit en Afrique », *in* CONAC Gérard (dir.), *Dynamiques et finalités des droits africains*, Paris : Economica, 1980, p. XI.

113 Gérard CONAC, « Les politiques juridiques des Etats d'Afrique francophone au lendemain des indépendances », *op. cit*, p. 147.

appelé à appliquer des règles hétérogènes[114] qui l'ont conduit au rejet du droit étranger comme droit exclusif de référence.

2. Le rejet du droit étranger comme droit exclusif de référence

Le pari sur le droit exogène comme vecteur de modernisation et de construction de la nation a vite tourné court[115]. En premier lieu, le droit dit moderne n'a pas été opérationnel. Dans certains secteurs comme le droit administratif, le droit de l'urbanisme, il est, pour l'essentiel, inappliqué au Cameroun. Lorsqu'il est appliqué, il ne l'est qu'au bénéfice d'une élite restreinte. En deuxième lieu, dans le droit des personnes et des biens, le droit traditionnel a prouvé son enracinement dans les quartiers populaires des villes. Enfin, en troisième lieu, le droit traditionnel bénéficie d'un regain d'intérêt. Il est ressenti au Cameroun comme dimension de son identité culturelle. Dans une telle situation, comment peut-on raisonnablement discourir sur l'Etat de droit si la question même de l'avenir de ce droit n'est ni posée, ni résolue[116] ?

Le droit camerounais ne se construira pas sur une table rase. Pas plus que le droit traditionnel, les droits coloniaux ne peuvent être évacués d'un trait de plume. Il gagnera le pari pour un nouveau droit au Cameroun s'il parvient à intégrer aux apports étrangers ses valeurs fondamentales que sont, l'esprit communautaire, l'art de la conciliation et le sens du partage. C'est du moins son système juridique en entier qui mérite d'être refondé.

---

[114] Benjamin BOUMAKANI, « Démocratie, droits de l'homme, et Etat de droit », *op. cit*, p. 105.

[115] René DEGNI-SEGUI, « L'accès à la justice et ses obstacles », *op. cit*, p. 252.

[116] Benjamin BOUMAKANI, « Démocratie, droits de l'homme, et Etat de droit », *op. cit*, p. 106.

B. La nécessité d'une refondation du système juridique

L'Etat de droit ne se réduit pas à la création de nouvelles institutions. Il faut mettre en place les conditions d'application du droit et des garanties qui sont la note juridique permettant d'assurer le respect de la dignité de la personne humaine sans distinction.

1. Le droit au droit

Le progrès de l'Etat de droit au Cameroun devrait conduire à affirmer un véritable statut constitutionnel des juges judiciaire et administratif. Il ne s'agit pas d'une question de simple mimétisme, mais d'une garantie encore plus forte pour la protection des droits fondamentaux. L'accès au juge soulève également la question de la distribution des compétences entre les ordres de juridiction. Si cela est le fait d'un ensemble de textes, leur ancienneté et leur méconnaissance ne favorisent pas la connaissance du droit[117].

Le constituant a fait du juge judiciaire le gardien des libertés et du Président de la République le garant de la Constitution. Il s'agit pour l'un de veiller au respect des libertés et de contribuer à l'harmonie sociale, et pour l'autre d'éviter qu'on soit obligé de recourir au juge. Le Président joue un rôle essentiellement préventif. Il peut également réprimer. Mais en dernier lieu, le juge doit pouvoir en toute indépendance statuer sur les différends. Les textes régissant le statut de ces juridictions devraient faire l'objet d'un toilettage, car beaucoup de dispositions sont vétustes.

---

[117] Lire Marcellin NGUELE ABADA, « Le progrès de l'Etat de droit : avancée réelle ou poudre aux yeux ? », *in* MAUGENEST Dénis, BOUKONGOU Jean Didier (dir.), *Vers une société de droit en Afrique centrale (1999-2000)*, Yaoundé : PUCAC, 2001, p. 129-150, p. 147.

A côté de l'accès au juge, il y'a le droit au recours ou le droit au juge. Toute personne doit avoir la possibilité de recourir au juge, d'exercer un recours effectif devant une juridiction. Ce n'est pas la simple écriture des textes, mais une exigence de l'Etat de droit. Les magistrats sont formés pour parer aux défis de l'Etat de droit. Quant au juge constitutionnel, l'avènement d'un Conseil constitutionnel ferait penser à juste titre à la construction progressive d'un Etat de droit. La confiance dans la loi n'exclut pas que l'on mette en place des instruments de garantie de son respect. Or en rallongeant la période transitoire, on développe des habitudes qui pourront gêner l'aboutissement du processus[118].

S'il est regrettable de constater que l'individu ne peut pas saisir le Conseil constitutionnel, il faut espérer que la minorité parlementaire restera toujours vigilante au sujet du respect par l'appareil politique des droits et libertés fondamentaux et permettra à la justice d'être au service de la norme collective.

2. La justice au service du droit

La transition en cours a permis la mise en place de nouvelles institutions juridictionnelles tendant à garantir l'Etat de droit. Elle concerne la protection contre le règlement et contre la loi.

La protection contre le règlement est doublement assurée : d'abord par le juge judiciaire et ensuite par le juge administratif. Le juge judiciaire, gardien des libertés, recherche les mêmes objectifs que son homologue français. Son intervention s'organise autour de quatre objectifs : punir, réparer, délivrer la victime et empêcher le dommage. Dans la pratique, il se cantonne la plupart du temps au

---

[118] *Ibid*, p. 148.

premier objectif à savoir punir. Rôle qui est mal perçu dans la société en raison d'un manque de pédagogie. Les sociétés africaines perçoivent mal la sanction juridictionnelle. Il faut imaginer le nouveau rôle du juge, rôle qui devra concilier le triduum : Justice, pédagogie et équité[119]. Le bien fondé de beaucoup de décisions n'est pas perçu par la majorité des justiciables qui voient en la justice leur premier adversaire.

Pour ce qui concerne le juge administratif, son rôle est déterminant en ce qui concerne le respect de la légalité par l'administration. Les problèmes se posent le plus souvent lorsqu'il s'agit de mettre en œuvre une réglementation. Un même texte est appliqué différemment, ce qui installe l'administration dans l'arbitraire et transforme les avancées de l'Etat de droit en Etat de police[120]. Nous avons été chacun victime de contrôles d'identité, de troubles de voisinage notamment avec ces cabarets et bistrots qui ouvrent toute la nuit sans aucune réglementation en ce qui concerne l'exigence d'insonorisation, d'atteintes à l'environnement, de mauvais traitements dans les services publics, etc.

L'administration doit se soumettre au droit. Il faut moraliser la fonction publique, lutter sans relâche contre la fraude et la corruption. Il faut permettre au juge de sanctionner toutes les formes d'atteinte à la liberté du fait de la fonction publique. Il faut moraliser les comportements publics. Il faut espérer que, à la faveur d'une amélioration du

---

119 Marcellin NGUELE ABADA, « Le progrès de l'Etat de droit : avancée réelle ou poudre aux yeux ? », *op. cit*, p. 149.

120 L'Etat de police peut être défini comme étant un Etat dont le droit, réduit à sa fonction instrumentale, ne représente en aucune façon une contrainte pour les détenteurs du pouvoirs, dans la mesure où il ne garanti aux individus ni une sphère d'autonomie à l'abri des interventions du pouvoir, ni les moyens de s'opposer aux empiètement illégitimes de celui-ci, voir Maurice KAMTO, *Pouvoir et droit en Afrique noire : essai sur les fondements du Constitutionnalisme dans les Etats d'Afrique Noire Francophone*, Paris : LGDJ, 1987, 545 p.

statut et surtout de la grille indiciaire de la fonction publique, ne s'installe pas dans nos juridictions une logique de complicité nuisible au progrès de l'Etat de droit.

La protection contre la loi est insuffisamment assurée. Réservée au juge constitutionnel, la protection de la suprématie de la Constitution est limitée aux recours réservés aux autorités des pouvoirs dans l'Etat. En attendant les « *révolutions à la française* », *il faut souhaiter que les particuliers puissent influencer le contrôle de la loi. L'expérience du recours indirect pourrait être testée afin de permettre aux individus de renforcer le réseau de vigilance à l'égard de la loi. Il faut surtout que le recours reconnu à la minorité parlementaire soit l'occasion d'une véritable protection des droits fondamentaux. L'opposition doit utiliser toutes les marges d'influence pour devenir le véritable défenseur de l'idée de droit* »[121].

Dans ces conditions, le professeur NGUELE ABADA propose « *une dose de patience, un travail en profondeur pour gagner l'opinion* ». Pour lui, il ne faut pas donner raison à Saint-Just lorsqu'il dit que *« le peuple n'a qu'un ennemi sérieux, c'est son gouvernement »*. Il s'agit de construire les garde-fous contre « *l'abus de droit pour permettre à la justice constitutionnelle de transformer en norme véritablement juridique la Constitution devenant ainsi, et ainsi seulement, la règle de droit suprême* »[122].

De tout ce qui précède, on pourrait conclure avec le professeur Etienne LE ROY que *« l'un des principaux enjeux de la période qui s'ouvre devant nous est de reconnaître et de donner à chaque acteur la possibilité dans sa langue et dans ses représentations, d'exprimer son identité, d'organiser sa solidarité avec ses semblables et d'assurer sa responsabilité devant la création d'un avenir commun »*[123]. Il s'agit là d'une expérience essentielle qu'on ne saurait perdre de vue au Cameroun. La démocratie y gagnerait

---

121 Marcellin NGUELE ABADA, « Le progrès de l'Etat de droit : avancée réelle ou poudre aux yeux ? », *op. cit*, p. 149.

122 *Ibid*, p. 150.

123 Voir Etienne LE ROY, *Oser le pluralisme judiciaire, op. cit, ibid.*

surtout si elle est accompagnée d'un effort de pédagogie, mais surtout l'Etat de droit serait la référence de tous.

Ce qui permettrait de dépasser les théories développementalistes de la *« modernisation »* selon lesquelles le respect des droits fondamentaux, c'est-à-dire les pratiques démocratiques ou l'instauration d'un Etat de droit ne seraient possibles que dans une économie moderne. Encore faudrait-il trouver des alternatives aux obstacles socio-économiques et culturels liés à la pratique des droits fondamentaux au Cameroun, car l'Etat de droit ou les pratiques démocratiques favorisent le développement économique et celui-ci consolide celui-là.

CHAPITRE 2.

LES OBSTACLES SOCIO-ECONOMIQUES ET CULTURELS LIES A LA PRATIQUE DES DROITS FONDAMENTAUX

« La pauvreté est la violation la plus grave des droits de l'homme »[124].

Toute société ou communauté organisée reconnaît à tous leur dignité. Ce sont les prérogatives destinées à protéger cette dignité que l'on appelle les droits fondamentaux. L'égalité de tous en droits et devoirs n'est réellement effective que si tous les citoyens sont éduqués. La communauté internationale considère l'éducation comme un droit de l'homme. Au-delà de ce droit, l'accès à une alimentation décente et à la santé constitue une condition sine qua non pour une responsabilité totale du citoyen.

Les développements qui vont suivre consistent en une réflexion sur l'impact que les conditions socio-économiques et politiques peuvent avoir sur les droits fondamentaux au Cameroun. La formulation du topo permet de le découper naturellement en deux parties : la première résume les obstacles liés à l'environnement socioculturel et économique camerounais et essaie de montrer comment ces obstacles influent sur la protection et la revendication des droits fondamentaux. La deuxième examine les obstacles liés à l'environnement idéologique pour déterminer également

---

124 Louise ARBOUR, Haut commissaire des Nations Unies aux droits de l'homme, propos recueillis dans un discours prononcé à Genève devant le nouveau Conseil des droits de l'homme au cours de sa première session le 23 Juin 2006.

leurs conséquences dans la pratique des droits fondamentaux.

Section 1. Les obstacles liés à l'environnement socio-culturel et économique

Pour M. Jacques Philibert NGUEMEGNE[125], la société africaine se caractérise par une structure solidement hiérarchisée et solidaire. Cette solidarité est aussi appelée *« communautarisme africain »*. Ce communautarisme subordonne les choix de l'individu dans tous les domaines de la vie aux priorités de la famille ou de la communauté. Cette organisation sociale influence de manière significative le choix des modes de production et de reproduction et même l'accès aux différents facteurs de production. Elle détermine aussi les décisions économiques individuelles. La société traditionnelle africaine se caractérise donc par la primauté du groupe sur l'individu[126].

Par ailleurs, toute structure ou organisation sociale est la résultante d'un environnement culturel. La culture en effet prescrit les croyances, les attitudes et les normes ou valeurs qui, à leur tour, déterminent l'organisation. Le Cameroun regorge de nombreuses et grandes valeurs culturelles traditionnelles y compris des valeurs scientifiques qui, contrairement à ce que pensent certains spécialistes occidentaux, devraient constituer un socle très solide pour son développement.

---

[125] Voir François KAMAJOU, Jacques Philibert NGUEMEGNE, « Les implications des conditions socio-économiques dans la pratique des droits de l'homme en Afrique », *Juridis-périodique*, janvier-février-mars 1997, n°29, p. 78-83, p. 78.

[126] Les chefferies traditionnelles des hauts plateaux de l'Ouest Cameroun offrent un exemple type de cette organisation. La solidarité camerounaise s'exprime, comme dans la plupart des sociétés en développement, par des liens étroits de parenté élargie et d'appartenance éthique ou linguistique.

A cet égard, le professeur KAMAJOU François rappelle que : *« les systèmes informels de crédit comme les tontines avec le succès qu'on leur connaît ne tirent-ils pas leur origine et leur réputation des valeurs et des modes d'organisation sociale traditionnelle ? »*[127]. On constate malheureusement que la colonisation et plusieurs gouvernements camerounais qui ont succédé aux colons, ont contribué à une dégradation culturelle au point où beaucoup de camerounais ont honte ou doute de la valeur de leur culture. La détermination des chefferies traditionnelles mentionnées ci-dessus, constitue, pour lui, une illustration très éloquente de cette dégradation culturelle[128].

L'environnement socioculturel tel qu'esquissé ci-dessus joue ou devrait jouer un rôle très important dans la compréhension du milieu économique camerounais, lequel a nécessairement un impact sur les droits fondamentaux.

Paragraphe 1. Caractérisation de l'environnement économique camerounais

Le Cameroun connaît comme la plupart des pays au sud du Sahara, un taux de croissance économique faible. Le produit intérieure brut (PIB) par habitant[129], qui était largement supérieur à celui des pays d'Asie de l'Est au

---

127 Lire François KAMAJOU, « Une analyse des principes et des programmes de l'ajustement structurel en Afrique », *in Food and agricultural policies Under structural ajustment, F. Heidhues and B. Knerr* (éd.), Peterlang, Frankfurt, New York, Paris, 1994.

128 François KAMAJOU, *ibid.*

129 Le produit intérieur brut par habitant, malgré la controverse compréhensible qui entoure sa pertinence et son interprétation, demeure l'un des indicateurs de développement largement utilisé aujourd'hui. Il est de plus en plus conseillé cependant de ne plus l'utiliser comme indicateur isolé, mais de l'accompagner d'autres critères tels que le degré de satisfaction des besoins fondamentaux ou de l'accès aux services sociaux tels que l'éducation et la santé.

moment de l'indépendance, est passé en dessous de celui-ci aux environs de 1983, a continué à baisser dangereusement pendant que celui des pays d'Asie de l'Est augmentait de manière exponentielle. Si pour des raisons diverses, l'unanimité n'est pas totalement acquise sur les causes, le consensus est largement partagé sur les effets négatifs de cette décroissance. L'une des conséquences de cette décroissance de l'économie camerounaise est l'adoption de nombreux programmes d'ajustement structurel (PAS)[130].

Les causes de cette dégradation de l'économie sont à la fois internes et externes : sur le plan interne, on relève au niveau macro-économique et sectoriel, une certaine inadéquation des politiques, telles que les mesures trop protectionnistes dans le commerce extérieur, la surévaluation du Franc CFA ; la répression financière et une surtaxation des produits d'exportation dans le secteur agricole. Au niveau institutionnel, on relève notamment l'envahissement des secteurs de production et de distribution par les entreprises d'Etat, et une centralisation trop poussée des prises de décisions économiques. Sur le plan extérieur, l'accent est mis sur la détérioration des termes de l'échange et particulièrement la chute brutale et continue des prix des produits d'exportation[131].

Pour une meilleure compréhension des implications des conditions socio-économiques sur la pratique des droits fondamentaux, il est important de rappeler parmi les nombreuses caractéristiques structurelles de l'économie camerounaise, les trois qui ont une incidence certaine sur la pratique des droits fondamentaux. Elles sont : l'omniprésence de l'Etat providence et l'économie de subsistance.

---

130 François KAMAJOU, Jacques Philibert NGUEMEGNE, « Les implications des conditions socio-économiques dans la pratique des droits de l'homme en Afrique », *op. cit*, p. 79.

131 *Ibid*, p. 80.

A. L'omniprésence de l'Etat providence

L'économie camerounaise comme la plupart des pays africains, est marquée par une intervention massive de l'Etat, (Etat-providence), intervention mal inspirée de la doctrine de Keynes. Le professeur KAMAJOU affirme à cet effet que *« le secteur public a malheureusement envahi certains secteurs qui, historiquement et pratiquement, sont mieux gérés par le secteur privé »* [132].

Poursuivant son analyse, l'auteur confirme que l'économie camerounaise qui est administrée au lieu d'être gérée, souffre d'un mal profond qu'il appelle *« l'interventionnité »*, économie par ailleurs de subsistance.

B. L'économie de subsistance

L'économie camerounaise est comme, on le sait, basée sur la production agricole. Si les produits agricoles d'exportation sont entièrement commercialisés, il n'en est pas de même pour ceux du sous-secteur de l'agriculture dite vivrière. En effet, plus de 70% de ces productions sont destinées à l'autoconsommation. Elles n'entrent dans les échanges que de façon marginale. De plus, les exploitations agricoles et même quelques entreprises industrielles et/ou commerciales sont gérées de manière familiale avec tous les aléas qu'une telle gestion comporte pour la santé et la croissance de l'entreprise. Cette situation fragilise considérablement l'environnement économique et financier des producteurs et d'autres opérateurs économiques qui ne

---

[132] Voir François KAMAJOU, « L'économie de l'interventionnisme dans le développement », *in Actes du séminaire sur les organisations d'intervention en milieu rural dans le processus de développement*, Yaoundé : CEPER, 1984.

trouvent pas toujours de motivation suffisante pour produire davantage et pour produire mieux[133].

Cette caractéristique s'explique par la nature rudimentaire de la technologie qui explique la très grande faiblesse des rendements. Elle s'explique aussi par l'absence des marchés ou les difficultés pour y accéder. D'autres caractéristiques économiques de la société camerounaise que nous n'avons pas jugé nécessaire (par souci de concision) de relever ici sont : une démographie galopante, une redistribution très inégale des revenus, l'extraversion des économies, la répression financière (qui découle de l'omniprésence de l'Etat), la qualité nettement inférieure de quelques infrastructures d'éducation et de santé qui existe dans les zones rurales, etc. Toutes ces caractéristiques socioculturelles et économiques influent logiquement sur la pratique des droits fondamentaux.

Paragraphe 2. Impact des caractéristiques socioculturelles et économiques sur les droits fondamentaux

Les quelques caractéristiques socioculturelles et économiques que nous avons résumées dans la partie précédente de l'analyse, ont mis en évidence l'extrême pauvreté des populations camerounaises. Cette pauvreté ne devrait pas être entendue seulement comme une absence des biens matériels, mais aussi comme une pauvreté en éducation, en santé, en information, et même une certaine pauvreté culturelle.

Les implications des caractéristiques socioculturelles et économiques actuelles de la société camerounaise peuvent se résumer en deux maux principaux qui bloquent son

---

133 François KAMAJOU, Jacques Philibert NGUEMEGNE, « Les implications des conditions socio-économiques dans la pratique des droits de l'homme en Afrique », *op. cit*, p. 79.

développement et ne permettent pas une pratique véritable des droits fondamentaux. Il s'agit des obstacles socioculturels et de l'extrême pauvreté des masses camerounaises.

A. Les obstacles socioculturels

Les obstacles socioculturels procèdent de l'inadaptation des techniques de communication en matière de promotion des droits fondamentaux et à l'absence d'une culture des droits fondamentaux.

1. L'inadaptation des techniques de communication en matière de droits fondamentaux

En dépit de son aspiration, une grande partie des populations camerounaises ne peut accéder à la connaissance des droits fondamentaux tels qu'ils sont consacrés par les instruments internationaux.

M. MUTOY Mubiala pense que la raison profonde de cette situation réside dans la culture juridique africaine. En effet, les droits fondamentaux tels que consacrés par les traités internationaux, les constitutions et les lois nationales relèvent du droit écrit, lequel est d'origine européenne. Déjà à l'époque coloniale, des droits appartenant à ce système juridique ont rencontré une forte résistance dans les milieux traditionnels. Après l'indépendance et en dépit des efforts d'intégration des systèmes juridiques moderne et traditionnel réalisés un peu partout sur le continent, les droits positifs actuels butent sur le problème fondamental de leur acceptation, voire de leur compréhension. Ce qui est vrai du système juridique national l'est à fortiori pour le droit international, y compris celui relatif aux droits fondamentaux[134].

Or, les méthodes de promotion et de diffusion utilisées jusqu' ici, *« privilégient l'aspect littéraire ou livresque et les langues étrangères (essentiellement le français et l'anglais) largement imposées comme langues de travail, et ce sur un continent où la majeure partie de la population, y compris scolarisée, est restée attachée aux traditions orales »*[135]. Il s'ensuit un déficit de culture des droits fondamentaux au Cameroun.

2. L'absence d'une culture des droits fondamentaux

Au Cameroun, on constate encore aujourd'hui que les quelques associations qui existent sont au service de l'administration ou des partis politiques. Elles sont souvent crées par cette administration ou ces partis pour des raisons souvent pas compatibles avec les préoccupations quotidiennes des populations.

L'absence de structures nationales renforce la nature trop « *villageoise* » et par conséquent tribales des associations. Le « *tribo-partisme* »[136] est devenu une réalité vivante de la scène politique au Cameroun. Il s'agit des partis politiques dont les membres se limitent souvent aux parents ou à la famille élargie. De tels partis n'ont en réalité pas d'idée politique, ils n'ont aucune force, aucune influence et ne visent certainement pas la conquête du pouvoir comme tout parti politique véritable et se laissent facilement corrompre lorsqu'ils n'ont pas été constitués pour cette fin. Leur

---

134 Lire Mubiala MUTOY, « La problématique de l'inculturation des droits de l'homme en Afrique centrale », *in* MAUGENEST Dénis, BOUKONGOU Jean Didier (dir.), Vers *une société de droit en Afrique centrale (1999-2000)*, Yaoundé : PUCAC, 2001, p. 417-431, p. 426.

135 *Ibid*, p. 427.

136 François KAMAJOU, Jacques Philibert NGUEMEGNE, « Les implications des conditions socio-économiques dans la pratique des droits de l'homme en Afrique », *op. cit*, p. 80.

caractère tribal les fragilise lorsqu'il s'agit de se positionner par rapport aux préoccupations nationales ou aux interpellations universelles comme la promotion ou la défense des droits fondamentaux ou tout simplement des droits de la communauté nationale.

Par ailleurs, malgré une législation progressivement favorable au mouvement associatif, on remarque certaines lenteurs dans la création de véritables associations sociales et économiques. On remarque aussi une certaine insuffisance d'ONG nationales d'envergure, de syndicats solides et dignes de ce nom qui défendent les intérêts des individus et des groupes. Les quelques unes qui résistent à l'érosion par le pouvoir et le temps et au dysfonctionnement, sont des organisations ou syndicats plus ou moins inféodés au pouvoir. Il en est de même de quelques ONG nationales[137].

« Les militants des droits de l'homme sont devenus une nouvelle catégorie d'experts au langage « désincarné et inintelligible », à l'instar des experts en matière de développement dont on connaît le bilan catastrophique »[138]. Il s'ensuit une absence de culture des droits fondamentaux, qui devrait s'analyser non pas en termes de retard à rattraper par rapport aux autres régions du monde, en particulier l'occident, mais en termes d'absence de perspective de conscientisation et de prise en charge de la promotion des droits fondamentaux par les populations concernées elles-mêmes, avec l'appui du mouvement associatif qui connaît un certain nombre de faiblesses ou limites.

Pourtant, *« seule une société civile forte et engagée dans la défense d'un minimum de principes peut amener la société et en particulier l'administration à respecter les droits des communautés et des*

137 *Ibid*, p. 80.

138 Mubiala MUTOY, « La problématique de l'inculturation des droits de l'homme en Afrique centrale », *op. cit*, p. 427.

citoyens »[139]. L'absence d'une société civile bien organisée et capable de revendiquer ses droits rend le poids de la dictature (de fait) du pouvoir encore plus écrasante sur les masses qui sont presque sans représentation sociale. A cet égard, M. Kéba MBAYE note « *qu'en Afrique noire en particulier, en dehors du fait que le citoyen moyen ignore ses droits, la règle est plutôt la passivité, voire l'indifférence* »[140]. L'africain est plutôt fier de pouvoir déclarer : *« Moi, je n'ai jamais mis les pieds dans un tribunal ou un commissariat de police »*[141].

Le citoyen africain lorsqu'il examine la possibilité d'attaquer une décision ou un acte qui viole ses droits fondamentaux, voit en face, non un autre citoyen, mais apprécie d'abord la puissance financière de ce dernier ou son rang sociopolitique. Lorsque son « *agresseur* » est une autorité publique, l'africain a le sentiment de s'attaquer à tout l'appareil de l'Etat avec toute sa puissance répressive illimitée. Souvent, il se résigne en acceptant sa situation de vaincu. A cet égard, les camerounais comprennent très bien la profondeur de l'expression *« on va faire comment alors ».*[142] Devant une revendication des droits, l'Etat lui-même et les autorités se sentent personnellement visés et mettent toute la machinerie en marche pour bloquer l'action de la justice.

Une société civile digne de ce nom pallie cette ignorance des droits en se battant pour que les droits fondamentaux soient respectés. Elle est, comme le dit si bien

---

139 Voir Kéba M'BAYE, *Les droits de l'homme en Afrique*, Paris : Pédone, 1993, 312 p. Cet ouvrage a reçu le prix René Cassin en 1993 attribué par l'académie des sciences orales et politiques de Paris.

140 Lire Kéba MABYE, « L'Afrique et les droits de l'homme », *in RJIC*, juin 1995, p. 1-16, p. 1. Rappelons tout de même que M. Kéba MBAYE décédé, a été juge à la Cour Internationale de Justice de la Haye et ancien vice-président de cette Cour.

141 *Ibid*, p. 15.

142 François KAMAJOU, Jacques Philibert NGUEMEGNE, *op. cit*, p. 81.

Aimé CESAIRE, *« la bouche de ceux qui n'ont point de bouche »*[143]. Et en ce sens, joue un rôle *tribunicien* au sens de celui que Georges LAVAU prêtait au parti communiste français dans les années 1960[144], rôle qui est malheureusement atténué par l'extrême pauvreté des populations.

B. L'extrême pauvreté des masses camerounaises

La population camerounaise d'après certaines estimations est composée à peu près de 80% du monde rural et une proportion quasi égale de camerounais est analphabète. La très grande majorité de cette population vit en deçà du seuil raisonnable de pauvreté. En effet, plusieurs statistiques et même l'observation quotidienne montrent que le Cameroun est plus pauvre aujourd'hui que dans les années 1960. Nous avons indiqué que le Cameroun s'est appauvri et continue de le faire pendant que d'autres pays du monde connaissent des taux de croissance respectables.

Cette situation d'extrême pauvreté est le résultat d'une crise économique et financière profonde. Nous pensons que cette situation résulte d'une crise multidimensionnelle dont l'examen dépasse le cadre de cette étude. Les mesures adoptées ou imposées par la recherche des solutions pour sortir de cette crise ont parfois aggravé la situation en creusant le grand écart déjà existant entre les riches et les pauvres. Les enfants camerounais dans les zones rurales comme dans les zones urbaines vont de moins en moins à l'école. Pour ceux qui y vont, la qualité de l'éducation s'est détériorée très significativement. Les populations urbaines et

---

143 Voir Aimé CESAIRE, *La tragédie du Roi Christophe*, Paris : Imprimerie de France, 1970, p. 153.

144 Georges LAVAU, « Le parti communiste dans le système politique français », *in Le Communisme en France*, 1969, toujours du même auteur, « La recherche d'un cadre théorique pour l'étude du parti communiste français », *in RFSP*, 1968, p. 445.

rurales mangent moins bien. Elles se soignent moins bien ou ne se soignent plus du tout. Elles se logent et se vêtissent moins bien[145].

En un mot, les conditions économiques au Cameroun ne permettent pas aux populations de vivre dans des conditions humainement acceptables. Toutes leurs énergies sont actuellement affectées à la recherche de quoi se nourrir et nourrir ceux des leurs qui survivent encore à la misère. Dans ce contexte, il est difficile à ces populations de penser à l'expression de leurs droits fondamentaux et encore moins à leur promotion et à leur défense, le droit n'étant pas garanti. La sécurité alimentaire n'est-elle pas de plus en plus reconnue comme un droit fondamental au même titre que le droit à l'éducation ?[146]

Par ailleurs, l'évolution des conditions idéologiques n'a pas permis au Cameroun, l'émergence d'un Etat de droit, c'est-à-dire d'un Etat démocratique et la promotion du respect des droits fondamentaux.

Section 2. Les obstacles liés à l'environnement idéologique

Il s'agit des raisons idéologiques invoquées par les dirigeants pour apporter des limitations aux droits fondamentaux, d'où la nécessité du développement d'un système de promotion *« durable »* de ces droits au Cameroun.

---

145 François KAMAJOU, Jacques Philibert NGUEMEGNE, *op. cit*, p. 82.

146 *Ibid*, p. 82.

Paragraphe 1. Les raisons idéologiques

En dépit d'une large acceptation des normes internationales des droits de l'homme[147], le Cameroun, à l'instar des autres pays de l'Afrique, a souvent pris prétexte des facteurs historico-culturels et socio-économiques pour empêcher le développement et le respect des droits fondamentaux.

A. L'alibi historico-culturel

Les gouvernements africains ont souvent soutenu que « *leurs Etats sont encore trop jeunes pour être astreints à appliquer les instruments internationaux* »[148] de la même manière que les

---

[147] Pour une liste complète de ces conventions ratifiées par le Cameroun, lire Martial JEUGUE DOUNGUE, Les juges camerounais et les conventions internationales relatives aux droits de l'homme, *op. cit*, p. 10. Le Cameroun a ainsi ratifié les conventions internationales de protection des droits de l'homme suivantes : Droits civils et politiques (le Pacte International sur les Droits Civils et Politiques entré en vigueur le 27 septembre 1984, le Protocole facultatif se rapportant au PIDCP entré en vigueur le 27 septembre 1984, la Convention sur l'abolition de la torture entrée en vigueur le 26 juin 1987) ; Droits économiques sociaux et culturels (le Pacte international sur les droits économiques, sociaux et culturels entré en vigueur le 27 septembre 1984) ; Protection catégorielle (la Convention sur l'élimination de la discrimination raciale entrée en vigueur le 24 juillet 1971, la Convention sur l'élimination de toutes les formes de discrimination à l'égard des femmes entrée en vigueur le 22 septembre 1994, le Protocole facultatif à la Convention sur l'élimination de toutes les formes de discrimination à l'égard des femmes entrée en vigueur le 06 avril 2005, la Convention sur les droits de l'enfant entrée en vigueur le 10 février 1993) ; Instruments africains (la Charte Africaine des Droits de l'Homme et des Peuples entrée en vigueur le 18 décembre 1989, la Charte africaine sur les droits et le bien-être de l'enfant entrée en vigueur le 29 novembre 1999).

[148] Lire en ce sens, Jean Didier BOUKONGOU, « Etat des instruments internationaux relatifs aux droits de l'homme pour les pays de l'Afrique

Etats occidentaux. Ils rappellent à cet égard que ces derniers ont forgé leur système politique et démocratique actuel au bout d'un long processus historique. En prenant pour exemple l'évolution de l'Angleterre, de la France et des Etats-Unis, ils estiment que ces pays ont mis deux siècles à bâtir leurs institutions. Ils considèrent qu'il faut donner du temps aux Etats africains. Par ailleurs, ils arguent que ce processus devrait tenir compte des spécificités culturelles africaines.

Ainsi, en matière de démocratisation, « *le facteur ethnique devrait être pris en compte afin d'éviter l'implosion du continent* »[149]. A côté de cet argument historico-culturel, les Etats africains exhibent également l'alibi socio-économique.

B. L'alibi socio-économique

« La pauvreté et le sous-développement économique et social sont également avancés comme facteur justifiant les insuffisances constatées dans la mise en œuvre des droits de l'homme »[150]. En effet, les Etats africains estiment que la réalisation des droits fondamentaux devrait céder le pas aux impératifs du développement économique et social. De telles considérations sont pourtant dénuées de tout fondement. Comme l'a rappelé avec force l'ex-secrétaire général des Nations Unies, M. Kofi ANNAN, au sommet annuel des chefs d'Etat et de gouvernement de l'OUA à Harare (Zimbabwe), le 2 juin 1997 :

« Les conflits qui ont défiguré notre continent ont eu trop souvent pour cortège de massives violations des droits de l'homme. Je sais que certains voient dans cette préoccupation (les droits de l'homme) un luxe des pays riches que l'Afrique ne peut pas encore s'offrir et que pour

---

centrale », *Penser et réaliser les droits de l'homme en Afrique centrale, bulletin de l'APDHAC n°6*, novembre-juillet-août 1999, p. 238.

149 Mubiala MUTOY, « La problématique de l'inculturation des droits de l'homme en Afrique centrale », *op. cit*, p. 425.

150 *Ibid*, p. 426.

d'autres, il ne s'agirait là que d'une sujétion, sinon d'un complot, imaginé par l'occident industrialisé. A mon sens, ce sont là des réflexions parfaitement déshonorantes envers l'aspiration à la dignité qui habite tous les africains »[151].

Tous ces obstacles imposent un certain nombre de recommandations, relatives au développement d'une promotion « *authentique* » des droits fondamentaux au Cameroun.

Paragraphe 2. Pour le développement d'un système de promotion « durable » des droits fondamentaux

L'édition 2000 du Rapport mondial sur le développement humain du PNUD[152], intitulé « *Droits de l'homme et développement humain* », constitue une étape importante dans la réflexion. Par de multiples exemples, ce rapport souligne l'utilité instrumentale de certains droits, qui permettent à l'individu de se prendre en charge ou génèrent des dynamiques intéressantes et les synergies entre différents types de droits qu'il s'agirait d'exploiter dans le cadre d'une stratégie de développement.

Dans de tels cas, *« la mise en œuvre des droits de l'homme sert le développement économique »*[153]. Par ailleurs, nous pensons avec MUTOY Mubiala, que *« l'action de promotion des doits fondamentaux au Cameroun et en Afrique centrale de manière générale, ne saurait ignorer le caractère dualiste des sociétés de cette sous région, qui vivent entre tradition et modernité »*[154].

---

151 *Afrique Relance*, vol. 11 (1), 1997, p. 4.

152 Programme des Nations Unies pour le Développement.

153 Catherine LALUMIERE, « Coopération internationale et droits de l'homme », Rapport du groupe de travail présidé par Catherine LALUMIERE, adopté le 10 juillet 2001, *in* *http://www.hcci.gouv.fr/index.htlm* (consulté le 30 juin 2016)

154 Mubiala MUTOY, « La problématique de l'inculturation des droits de l'homme en Afrique centrale », *op. cit*, p. 427.

Pour produire une nouvelle culture des droits fondamentaux, cette action devrait reposer sur une triple orientation, à savoir : le développement d'une idéologie de légitimation locale des droits fondamentaux « *écrits* », l'association des communautés de base à l'œuvre de promotion des droits fondamentaux et l'adaptation des techniques de diffusion à la mentalité et aux réalités populaires.

A. La légitimation historico-culturelle des droits fondamentaux

Il s'agit de développer un discours idéologique axé sur le recours à l'évocation des traditions ancestrales comme un moyen de légitimer les normes contemporaines des droits fondamentaux, de leur enlever leur apparence étrangère et de favoriser ainsi leur acceptation par les populations. A cet égard, un exemple comme celui développé au Mali présente un intérêt particulier. En effet, dans le cadre de la décennie des Nations Unies pour l'éducation aux droits de l'homme (1995-2004), ce pays a adopté en 1998, un programme national pour l'éducation à la culture de la paix et aux droits de l'homme, avec l'aide de partenaires extérieurs. Parmi ceux-ci, il convient de mentionner l'organisation non gouvernementale *People's Decade of Human Rights Education* (PDHRE) basée à New York, qui a, avec l'aide de l'ACT/norwegian Church Aid, formulé un projet d'éducation « *interactive* » des droits de l'homme dans ce pays[155].

Le titre donné au projet lui-même- *« From Furu Kan Funkan to the Universal Déclaration of Human Rights and to the year 2000 : Mali, A Human Rights nation »* se réfère à l'histoire ancienne du Mali, qui proclama, en 1236, une Charte sur la

155 *Ibid*, p. 428.

justice, le travail et la liberté dans la localité de *Kuru Kan Funkan*, Charte dont le contenu a été transmis de génération en génération par la tradition orale.

Cette référence historique constitue assurément un élément mobilisateur des populations en faveur d'un tel projet. Cet exemple mériterait d'être suivi de *lege ferenda* par les dirigeants camerounais, qui doivent également s'impliquer dans l'appropriation populaire de l'œuvre de promotion des droits fondamentaux.

B. L'appropriation populaire de l'œuvre de promotion des droits fondamentaux

Le développement, au moins pour les moins avancés comme le Cameroun, appelant des apports financiers extérieurs importants et les pays donateurs n'acceptant de ne coopérer qu'avec les Etats avec lesquels un socle de valeurs communes existe, un engagement envers le respect des droits de l'homme apparaît comme un préalable à l'enclenchement d'un processus positif[156].

L'approche méthodologique suivie par l'organisation précitée pour l'implication des populations dans l'exécution du projet est également pertinente. Les auteurs de ce projet écrivent en effet : *"setting the infrastructure for human right education for social transformation requires wide research into basic belief systems of the people, which quite often, in specifies locals, and provides in a meaningful way the foundation of universal human right values. International human right Law, the human right framework, needs to be studies and applied in conjunction with local and customary law so that any discord between the two ways be dealt with directly and systematically (...)"*[157].

---

[156] Lire Catherine LALUMIERE, « Coopération internationale et droits de l'homme », *op. cit*, *ibid.*

[157] People's Decade of Human Right Education (PDHRE), From Kuru Kan Fukan to the Universal Declaration/To the Year 2000. Mali, A

Il serait judicieux de s'inspirer de cette initiative au Cameroun en créant des « *comités locaux des droits et des devoirs* » au niveau des villages et des collines, sous les auspices des notables, qui seraient chargés de mobiliser les populations dans l'action en faveur de la promotion des droits fondamentaux, en faisant des agents actifs plutôt que les destinataires passifs de celle-ci.

C. L'adaptation des techniques de diffusion

Concernant la diffusion des droits fondamentaux, il conviendrait de tenir compte de la nature dualiste de la société. En milieu de culture moderne, l'école, à tous les niveaux, devrait demeurer la cible privilégiée des activités de promotion et un effort devrait être fait en direction des agents chargés de l'application de la loi, des dirigeants politiques et des forces armées.

Toutefois, afin de maximiser l'impact de la promotion, des actions de diffusion devraient être réalisées, à titre prioritaire et préférentiel, parmi les couches populaires, aussi bien en milieu urbain que rural. A cet effet, il faudrait mettre à contribution les ressources de la culture orale africaine : recourir au folklore traditionnel, sans oublier l'organisation de réunions populaires, d'émission radiophoniques ou télévisées en langues nationales, de manifestations sportives et de kermesses consacrées au thème des droits fondamentaux, et organiser des théâtres, sketches et autres séances de contes et récits, le tout étant réalisé sur fond « *d'une politique d'évocation des droits de l'homme ancestraux* »[158].

Enfin, il conviendrait de se défaire de la mentalité, partagée par beaucoup de gouvernement, d'instituions

---

Human right Nation, progress report, 22 juillet 1998, p. 3-4, cité par Mubiala MUTOY, « La problématique de l'inculturation des droits de l'homme en Afrique centrale », *op. cit*, p. 429.

158 Mubiala Mutoy, *ibid*, p. 430.

nationales et d'ONG de droits de l'homme, notamment en Afrique centrale, qui consiste à considérer le Haut Commissariat des Nations Unies comme l'agent principal de la promotion des droits fondamentaux. L'assistance du Haut Commissariat aux droits de l'homme dans ce domaine, tout comme celle au demeurant appréciable de chancelleries étrangères et d'organisations internationales gouvernementales et non gouvernementales pertinentes, devrait être considérée seulement comme un appoint à des actions locales, nationales et sous régionales de promotion des droits fondamentaux.

Quoi qu'il en soit, ces stratégies nationales et sous-régionales devraient s'appuyer sur la culture populaire africaine, unique moyen pour faire progresser la conscience des droits fondamentaux et de contribuer à leur respect effectif au Cameroun. Des conditions économiques minimales pour chaque citoyen constituent également un préalable à toutes ces exigences. Seules ces conditions permettent aux citoyens de s'éduquer ou d'éduquer leur famille. En effet, « *que valent des institutions aussi démocratiques soient-elles si les préoccupations quotidiennes des populations ne sont pas prises en compte, si les revenus des ménages sont incertains, l'accès à la santé et à l'éducation compromis, le chômage des jeunes lancinant, la pauvreté galopante et les perspectives du lendemain sombre ?* »[159] Prétendre construire un Etat de droit sans combattre le dénuement extrême qui caractérise le vécu des camerounais, c'est courir à l'échec.

Toutefois, ces facteurs ne sauraient masquer les progrès accomplis en matière de droits fondamentaux. Ceux-ci tiennent pour l'essentiel à l'effort considérable de protection et de promotion des garanties juridictionnelles, non- juridictionnelles et internationales.

---

[159] *Ibid*, p. 431.

PARTIE II.

LA GARANTIE INSTITUTIONNELLE : L'EFFORT DE PROTECTION JURIDICTIONNELLE, NON JURIDICTIONNELLE ET INTERNATIONALE

Dans un Etat rationnellement organisé, *« la protection des droits de l'homme et la répression des conduites attentatoires aux dits droits relèvent de la compétence des juges. Ce sont eux en effet qui doivent faire contrepoids et contrôler les excès des gouvernants, ce sont eux qui, d'une manière générale, doivent garantir les droits fondamentaux de la personne et demander des comptes à ceux qui se sont rendus coupables d'atteintes à l'intégrité, à la liberté et à la sécurité des personnes »*[160].

Mais, les lacunes de la protection juridictionnelle ont souvent conduit l'Etat dans sa volonté d'œuvrer pour la promotion des droits fondamentaux auprès de tous les acteurs sociaux, à créer des cadres de promotion et de protection desdits droits. Cette action impulsée par l'Etat ne saurait cependant également garantir à elle seule la sécurité juridique des citoyens, sans le concours d'acteurs indépendants jouant un rôle de contrepoids, mais surtout de relais dans l'instauration, l'acquisition et la consolidation de la culture des droits fondamentaux. De plus, la communauté des Etats, au nom de la protection des droits et libertés

---

[160] Voir Roger MOUTEKE, Isaac LOCKO, « Protection des droits et des magistrats au Congo : pathologie d'une justice exsangue », *in Droits de l'homme en Afrique Centrale*, MAUGENEST Dénis, POUGOUE Paul Gérard (dir.), *Actes du Colloque de Yaoundé des 9-11 novembre 1994*, *PUCAC*-Khartala : Yaoundé-Paris, 1995, p. 169.

fondamentaux de l'individu, peut s'arroger le droit et le devoir de s'opposer à la souveraineté de l'Etat pour se constituer partie civile en faveur des individus.

Ainsi, au Cameroun, les deux nouvelles tendances lourdes de l'évolution de la garantie institutionnelle des droits fondamentaux susceptibles de nous faire espérer sont : la relative efficacité des garanties juridictionnelles et l'influence des garanties non-juridictionnelles et internationales.

CHAPITRE 1.

LA RELATIVE EFFICACITE DES GARANTIES JURIDICTIONNELLES

« Les hommes de loi ne doivent pas être seulement des « diseurs de droit, mais aussi des faiseurs de nations ». Ils doivent apporter une contribution positive au processus de démocratisation et d'élargissement des espaces de liberté, en prenant une part active à l'étude des réformes législatives ».

TIANGAYE Nicolas[161]

Pour M. ONONA ETOUNDI, *« la justice, concept déjà polysémique, évoque immédiatement pour chacun d'entre nous à la fois une valeur, au sens moral, et une institution »* [162]. Comme vertu morale, la justice prône le respect absolu du droit des autres. Comme telle, elle renvoie à la question du juste et de l'injuste dans l'ordre politique et social. L'on s'interroge ici sur la manière dont chaque société donne forme et contenu précis à la vertu, selon son ordre politique, social ou religieux. Elle distribue à sa manière un ensemble de biens, matériels ou symboliques : droits et devoirs, pouvoirs et dépendances, richesse et pauvreté.

Envisagée sous l'angle d'une institution, la justice désigne l'appareil judiciaire (autorité ou pouvoir) utilisé par

---

161 Lire Nicolas TIANGAYE, « Mutations politiques et réformes judiciaires : l'expérience centrafricaine », in MAUGENEST Dénis, BOUKONGOU Jean Didier (dir.), *Vers une société de droit en Afrique centrale (1999-2000)*, Yaoundé : PUCAC, 2001, p. 219-228, p. 228.

162 Voir Félix ONANA ETOUNDI, « Le respect du droit par les juridictions camerounaises », MAUGENEST Dénis, BOUKONGOU Jean Didier (dir.), *Vers une société de droit en Afrique centrale (1999-2000)*, Yaoundé : PUCAC, 2001, p. 207-219, p. 207.

l'Etat pour rendre justice. Il s'agit ici de l'ensemble des juridictions chargées de connaître des litiges entre les particuliers, et entre les particuliers et l'Etat. C'est sous sa dimension institutionnelle qu'elle sera examinée dans le cadre de cette réflexion. Sur ce point, il faut dire que les missions de la justice camerounaise se sont accrues ces dernières années, le pays ayant connu depuis 1990 une profonde mutation juridique consécutive aux transformations politiques, idéologiques et sociales. En effet, « *autorité* » sous la Constitution du 02 juin 1972, la justice est devenue un « *pouvoir* » dans la révision constitutionnelle du 18 janvier 1996. Et du coup, l'équilibre et la séparation des pouvoirs se sont trouvés théoriquement consacrés et la justice mieux armée pour assumer librement ses missions de sécurité des biens et des personnes et de sauvegarde de l'intérêt général[163].

La tradition ayant été maintenue dans cette réforme constitutionnelle[164], on note un progrès dans la protection

---

163 *Ibid*, p. 208.

164 Depuis 1960, le constituant camerounais a toujours instauré des mécanismes de garantie plus ou moins efficaces. La justice ordinaire en 1960, la justice ordinaire plus la justice constitutionnelle en 1961 et en 1972 respectivement au sein de la Cour Fédérale de Justice d'une part et la Cour suprême d'autre part. Cette tradition a été maintenue en 1996, avec plusieurs autres réformes du secteur de la justice après. Il s'agit de la loi n°2006/015 portant organisation judiciaire. A la suite de cette nouvelle loi, plusieurs autres textes particuliers ont été adoptés. Cependant, la loi n°2006/015 n'est pas le seul texte qui organise la justice au Cameroun. Des lois prises notamment en 2003 (Loi n° 2003/005 du 21 avril 2003 fixant les attributions et le fonctionnement de la chambre des comptes de la Cour Suprême), 2004 (loi n°2004/004 du 21 avril 2004 portant organisation et fonctionnement du Conseil constitutionnel, loi n° 2004/005 du 21 avril 2004 portant statut des membres du Conseil Constitutionnel), 2006 (Loi n°2006/016 du 29 décembre 2006 fixant l'organisation et le fonctionnement de la Cour suprême, loi n° 2006/017 du 29 Décembre 2006 fixant l'organisation et le fonctionnement des tribunaux régionaux des comptes, loi n° 2006/022 du 29 décembre 2006 fixant l'organisation et le fonctionnement des tribunaux administratifs),

des droits fondamentaux. Ainsi, la revalorisation du juge ordinaire et l'instauration d'un véritable juge constitutionnel participent à la consolidation de la démocratie au Cameroun.

Section 1. La revalorisation du juge ordinaire

Comme le souligne si pertinemment le professeur Maurice KAMTO : *« la justice nourrit l'imaginaire collectif des peuples depuis la nuit des âges. Mythe et symbole, objet de tous les fantasmes, elle est à l'épicentre des combats politiques et sociaux qui rythment la vie de l'espèce humaine, d'autant plus qu'elle lui est apparue progressivement comme un rempart contre la puissance incontrôlée des gouvernants. Même dans les Etats modérés – on dirait aujourd'hui démocratiques – il n'y a de liberté publique que lorsqu'on n'abuse pas du pouvoir »*[165].

Dans la quête enfiévrée d'un nouveau constitutionnalisme qui a secoué nombre de pays africains à l'aube des années 1990, il y'avait quelques revendications essentielles, incontournables : il fallait notamment que la justice fût érigée en pouvoir[166]. De cette revendication qui a cristallisé les passions contestataires, le peuple camerounais ne fut point en reste. Et le constituant de 1996 s'est inscrit à cet égard dans l'air du temps : la Constitution du 18 janvier 1996 institue au Cameroun un pouvoir judiciaire. Ce qui à

2008 (Loi n° 2008/001 du 14 avril 2008 modifiant et complétant certaines dispositions de la loi n°96/06 du 18 janvier 1996 portant révision de la Constitution du 02 Juin 1972, loi n° 2008/003 du 14 avril 2008 régissant les dépôts et consignations, loi n°2008/015 du 29 décembre 2008 portant organisation judiciaire militaire et fixant les règles de procédure applicables devant les tribunaux militaires) viennent compléter l'organisation.

165 Maurice KAMTO, « Les mutations de la justice camerounaise à la lumière des développements constitutionnels de 1996 », *op. cit*, p. 9.

166 Voir Jean du Bois de GAUDUSSON, « Le statut de la justice dans les Etats d'Afrique francophone », *Afrique contemporaine, n° 156 (spécial)*, La documentation française, 1990, p. 6-7.

l'actif du bilan du juge à la consolidation de l'Etat de droit au Cameroun, l'incite à un plus grand respect des droits fondamentaux.

Paragraphe 1. L'avènement du pouvoir judiciaire

Avec le changement constitutionnel de 1996, la justice est élevée au rang d'un pouvoir constitutionnel à côté du législatif et de l'exécutif. Selon le professeur Maurice KAMTO, *« c'est une première dans l'histoire constitutionnelle de notre pays »*.[167] Mais, on peut s'interroger avec lui si cela marque vraiment un progrès dans l'affirmation de l'importance de la justice dans l'organisation de l'Etat camerounais. Deux axes majeurs permettent d'analyser cette question : d'une part la justice comme nouveau pouvoir judiciaire dans l'ordre constitutionnel camerounais et d'autre part l'indépendance du pouvoir judiciaire à la lumière de la Constitution du 18 janvier 1996.

A. La justice comme nouveau pouvoir judiciaire

Montesquieu dans *l'esprit des lois*[168] concevait l'Etat comme une entité composée de trois pouvoirs[169] nettement séparés. Il rattachait ainsi son nom au principe de la

167 Maurice KAMTO, « Les mutations de la justice camerounaise à la lumière des développements constitutionnels de 1996 », *op. cit*, p. 10.
168 Roger Gabriel NLEP, Droit constitutionnel et institutions politiques, cours de 1er année licence, Université de Dschang, 1993, inédit, cité par Jean Claude TENE, Les innovations des droits de l'homme dans la Constitution révisée de 1972 (loi constitutionnelle du 18 Janvier 1996), Mémoire de maîtrise, Université de Dschang, 1997, 65 p, p. 27.
169 Il s'agit des pouvoirs exécutif, législatif et judiciaire.

séparation des pouvoirs. Ce principe a cependant connu des tempéraments[170].

En ce qui concerne le pouvoir judiciaire, la question s'est posée de savoir s'il constituait effectivement un troisième pouvoir ou bien si ce pouvoir n'était qu'une branche de l'exécutif. La doctrine est restée partagée à ce sujet. Certains auteurs font de ce pouvoir une branche de l'exécutif et d'autres pensent qu'il constitue un véritable pouvoir. Après l'indépendance, le Cameroun dans le souci de préserver le rapport institutionnel qui le liait à l'ancienne tutelle, a fait de ce troisième pouvoir une autorité judiciaire dépendant entièrement du pouvoir exécutif. Cette opinion a aujourd'hui évolué. En effet, la Constitution révisée de 1972 a rompu avec cette tradition. Elle a consacré un pouvoir judiciaire. De même, la justice administrative, jadis très centralisée, a été déconcentrée.

1. Le régime du nouveau pouvoir judiciaire

A la différence de ses devanciers, le constituant de 1996 consacre un pouvoir judiciaire, ce qui a pour effet immédiat de transformer le paysage de la justice camerounaise. Tous les acteurs du monde judiciaire se doivent donc de se conformer *« aux contraintes »* d'un tel pouvoir[171]. Ce pouvoir entraîne indubitablement l'indépendance du juge. Et, à ce sujet, l'article 37 dans son alinéa 2 paragraphe 1 (in fine) dispose qu'*« il est indépendant du pouvoir exécutif et du pouvoir législatif »*. Cette disposition fait

---

170 En fait, une séparation nette entre les pouvoirs n'existe pas. Elle est plus ou moins sensible entre l'exécutif et le législatif, le pouvoir judiciaire paraissant être un élément de l'exécutif.

171 Lire Regard du Ministre de la justice, garde des sceaux sur le nouveau pouvoir judiciaire (communication aux procureurs généraux), *in Lex. Lata* n° 023-024, février-mars 1996, p. 13.

ainsi du pouvoir judiciaire le *« troisième grand pilier de l'édifice constitutionnel »*[172].

Le caractère indépendant de ce pouvoir vient consolider le statut de la justice camerounaise et celui du juge. Désormais, le juge judiciaire aussi bien que le juge administratif dont la mission est de protéger les droits des gouvernés contre les abus des gouvernants et parfois même des particuliers doivent se revêtir de ces habits de noblesse, d'impartialité, de célérité et d'objectivité[173].

Est donc théoriquement dépassé le temps où le juge s'abstenait de se saisir d'un dossier soit pour protéger les intérêts d'un tiers ou d'un parent, soit parce que la plus haute hiérarchie ne consent par à la saisine de ce dossier car, selon les termes même du Ministre de la justice garde des sceaux de l'époque, « *le pouvoir judiciaire est incompatible avec le refus d'assumer sa responsabilité »*[174]. Autrement dit, tout abus des droits du justiciable doit impérativement être sanctionné par le juge puisque le nouveau pouvoir judiciaire l'interpelle à cette fin.

Toutefois, il est à regretter que le constituant ait apporté des réserves à l'indépendance de la magistrature. Le contenu de l'intitulé du Titre V de la Constitution révisée de 1972 n'est pas très différent du cas français, ce qui donne à cette innovation un caractère symbolique. En fait, si l'indépendance du pouvoir judiciaire est clairement affirmée, la garantie de celle-ci est plutôt confiée à un autre pouvoir. L'article 37 alinéa 3 de la loi constitutionnelle du 18 janvier 1996 stipule en effet que *« le Président de la République est garant de l'indépendance du pouvoir judiciaire »*. Comment peut-on affirmer l'indépendance du pouvoir judicaire lorsque la garantie de cette indépendance est assurée par un autre

---

[172] Maurice KAMTO, « Dynamique constitutionnelle du Cameroun indépendant », *in RJA*, n°1, 2 et 3, 1995, p. 7-49, p. 44.

[173] Regard du Ministre de la justice, garde des sceaux précité, p. 13.

[174] *Ibid*, p. 14.

organe ? En aucun cas, et comme l'affirme le professeur ONDOA Magloire, *« on ne peut être indépendant lorsque cette indépendance est garantie par un autre organe »*[175].

Il aurait été souhaitable de laisser au magistrat, la garantie et la protection de son pouvoir et son autonomie, ou alors, mettre sur pied une institution apolitique et élue dont la mission sera de gérer et de garantir la magistrature[176].

Enfin, en limitant à la Cour suprême, aux Cours d'appel et aux tribunaux l'exercice du pouvoir judiciaire, le constituant camerounais, de l'avis du professeur Maurice KAMTO, a usé sur ce point du « *trompe-l'œil, le constituant a drapé dans un costume de circonstance une vieille momie ». Car sous ce « pouvoir judiciaire », objet d'exaltations immodérées, perce encore sous ce rapport la vieille « autorité judiciaire » dans sa conception héritée de la Constitution française du 4 octobre 1958 »*[177]. Dans cette Constitution, le Conseil constitutionnel qui vient avant l'autorité judiciaire (Titre VIII) fait l'objet d'un titre séparé (Titre VII), de même que la Haute Cour de Justice (Titre IX). Ce schéma a inspiré toutes les constitutions camerounaises depuis l'indépendance du Cameroun oriental en 1960, avec en moins le Conseil constitutionnel[178].

Malgré ces tempéraments, le troisième pouvoir est aujourd'hui consacré de manière formelle au Cameroun, tout

---

[175] Voir Magloire ONDOA, « Commentaire de la loi n°96/06 du 18 janvier 1996 portant révision de la Constitution du 02 juin 1972 », *in Juridis-périodique n°25*, janvier-février-mars 1996, p. 10-15, p. 14.

[176] *Ibid*, p. 14.

[177] Maurice KAMTO, « Les mutations de la justice camerounaise à la lumière des développements constitutionnels de 1996 », *op. cit*, p. 13.

[178] Ainsi, la Constitution du 04 mars 1960 consacrait son Titre VII à l'autorité judiciaire et le Titre VIII à la Haute Cour de Justice, la Constitution fédérale du 1er septembre 1961 respectivement le Titre VI et le Titre VII. La Constitution du 02 juin 1972, quant à elle distinguait l'autorité judiciaire (Titre V) de la Cour suprême (Titre VI) et de la Haute Cour de Justice (Titre VII).

comme la justice administrative a été restructurée de manière expresse.

2. Le régime de la justice administrative

Les constitutions précédentes à la réforme de 1996 présentaient une justice administrative dont les insuffisances remettaient en cause l'efficacité. La loi constitutionnelle du 18 janvier 1996 ouvre de nouvelles perspectives à cette justice. En effet, jusqu'en 1996, la juridiction administrative au Cameroun était très centralisée. Siégeant uniquement à Yaoundé, la Cour suprême statuant en matière administrative en 1972 et qui était jadis la Cour Fédérale de Justice en 1961, avait un ressort qui couvrait tout le territoire de la République.

Cette solution qui avait le défaut d'éloigner le juge administratif des justiciables, semblait plus favorable à l'administration qu'aux particuliers que l'institution semblait protéger. De même, la grande majorité des camerounais ignoraient totalement la procédure à suivre ou ne disposaient pas des moyens financiers nécessaires pour faire face aux frais de procédure[179]. La qualité du juge statuant en matière administrative n'était pas de nature à favoriser la productivité qualitative du contentieux rendu.

La loi constitutionnelle de 1996 a eu pour objet essentiel de poser le principe d'une déconcentration de la justice administrative. En effet, aux termes de l'article 40, « *la nouvelle chambre administrative connaît du contentieux régional et municipal* ». Elle statue souverainement sur les décisions rendues en dernier ressort par les juridictions inférieures en matière de contentieux administratif. Cette disposition laisse logiquement penser que les efforts seront déployés par le

---

179 Voir Rose DJILA, « Contribution à l'étude de la protection de la liberté individuelle au Cameroun depuis 1990 », in *Juridis-périodique n°26*, Avril-mai-juin 1996, p. 84 et s.

législateur pour rapprocher la justice des justiciables, ce qui participera à favoriser la *« jouissance effective du droit d'accès à la justice »*[180]. En créant par exemple un grand nombre de juridictions, au niveau des départements et à l'échelon régional, il contribuera à cette fin.

De même, en posant les règles d'organisation, de fonctionnement et surtout de composition de la Cour suprême, ainsi que de la chambre administrative qui la compose, le législateur institue, comme l'appelle de ses vœux la doctrine publiciste, un corps de juges adaptés aux problèmes administratifs. Toutefois, en attendant que les institutions soient mises progressivement en place comme le précise l'article 67[181], la Constitution de 1972 demeure.

Aujourd'hui, le contentieux administratif au Cameroun jadis réglé par la Cour suprême qui statuait en premier ressort et en appel, respectivement dans sa chambre administrative et en assemblée plénière, a été profondément refondu en 2006 avec les lois fixant l'organisation et le fonctionnement de la Cour suprême et fixant l'organisation et le fonctionnement des tribunaux administratifs[182]. Il ressort de ces lois que le contentieux administratif sera désormais réglé en premier ressort par les tribunaux administratifs[183], en appel et en cassation par la chambre administrative de la Cour suprême.

---

180 Lire Alain Didier OLINGA, « Vers une garantie constitutionnelle crédible des droits fondamentaux », *in La réforme constitutionnelle du 18 janvier 1996 : Aspects juridique et politique*, publié sous l'égide de la fondation FRIEDRICH ELBERT et de la section camerounaise de l'association africaine de science politique (GRAP), Yaoundé, p. 320-338, p. 334.

181 Lire Alain Didier OLINGA, « L'article 67 de la Constitution », *in Lex. Lata n°033*, mars 1997, p. 3-9, p. 7.

182 Il s'agit de la loi n° 2006/016 du 29 décembre 2006 fixant l'organisation et le fonctionnement de la Cour Suprême et de la loi n° 2006/022 du 29 décembre 2006 fixant l'organisation et le fonctionnement des tribunaux administratifs.

183 Les tribunaux administratifs sont les juridictions inférieures en matière de contentieux administratif. Il ressort de l'article 2 alinéa 2 de la

Enfin, ce pouvoir judiciaire, même restreint dans son domaine d'intervention, est-il pour autant affranchi des deux autres pouvoirs définis par la Constitution de 1996, en l'occurrence le pouvoir exécutif et le pouvoir législatif ?

B. L'indépendance du pouvoir judiciaire

L'indépendance est généralement considérée comme un élément caractéristique du pouvoir judiciaire, elle lui est pour ainsi dire, consubstantielle. C'est le facteur de son élévation au rang de *puissance*[184].

Cette indépendance du pouvoir judiciaire peut être envisagée sur un double plan : d'une part, elle peut s'entendre de l'indépendance de la justice en tant qu'institution, composante organique des corps constitués de l'Etat. D'autre part, elle peut viser plus précisément l'indépendance des juges, personnes physiques assermentées investies d'une mission particulière au sein de la société, celle de dire le droit au nom de tout le peuple.

Il s'agit d'explorer les conditions d'émergence d'une véritable indépendance de cet organe et cette institution au Cameroun.

1. L'indépendance de l'institution

Comme nous l'avons précédemment annoncé, elle est affirmée dans la Constitution du 18 janvier 1996 comme un attribut logique du pouvoir judiciaire. En effet, dans un même paragraphe de l'alinéa 2 de l'article 37, ces deux

---

loi n°2006/022 que les tribunaux administratifs connaissent en premier ressort du contentieux administratif concernant 1'Etat, les collectivités territoriales décentralisées et les établissements publics administratifs.

184 Maurice KAMTO, « Les mutations de la justice camerounaise à la lumière des développements constitutionnels de 1996 », *op. cit*, p. 14.

notions majeures sont énoncées en deux phrases qui se suivent immédiatement : *« le pouvoir judiciaire est exercé par la Cour suprême, les cours d'appel et les tribunaux. Il est indépendant du pouvoir exécutif, et du pouvoir législatif ».* Le lien consubstantiel énoncé précédemment est ici noué par le constituant lui-même[185].

Asseoir l'indépendance du pouvoir judiciaire passe nécessairement par la création des conditions de son autonomie financière, à la manière de celle du pouvoir législatif. Au-delà de l'indépendance de l'institution judiciaire, ce nouvel organe pourrait contribuer à affirmer l'indépendance des magistrats eux-mêmes.

2. L'indépendance des juges

Elle est comme celle du pouvoir judicaire, affirmée par l'article 37 alinéa 2 de la Constitution de 1996 qui dispose en une formule puissante : *« les magistrats du siège ne relèvent dans leurs fonctions juridictionnelles que de la loi et de leur conscience ».* En effet, l'indépendance, comme la liberté, est d'abord un fait de conscience, produit d'une opération intérieure de la conscience de chaque magistrat plutôt que d'une extranéité généreuse. Ce qui fait dire au professeur KAMTO *« qu'elle est auto-promue en plus d'être octroyée et garantie par la norme juridique ».*[186] Cette indépendance-là est une indépendance assumée parce qu'elle résulte de l'affranchissement du tribunal de la conscience. C'est à chaque magistrat de la construire et de la rendre inaccessible aussi bien aux réquisitoires juridiquement insuffisantes du parquet qu'aux pressions de toutes sortes, qu'elles soient politiques, financières, ethniques, tribales ou claniques.

Le renvoi du magistrat du siège à la loi et à sa seule conscience est une innovation essentielle de la Constitution

---

185 *Ibid*, p. 15.
186 *Ibid*, p. 16.

relativement au pouvoir judiciaire. La Constitution affirme explicitement ce qui était tacitement admis. Elle dresse, ce disant, un précieux rempart autour de ceux des juges qui pouvaient encore douter de l'étendue des pouvoirs que le peuple camerounais leur a confié, et des exigences légitimes qu'il peut avoir vis-à-vis d'eux pour bâtir une justice fiable et crédible. Mais si forte que soit la formule énoncée par la Constitution sur ce point, elle ne couvre qu'un aspect de l'indépendance des juges.

Pour le reste, on ne s'est pas affranchi de la conception ancienne de l'autorité judiciaire dans laquelle l'exécutif joue un rôle déterminant dans la nomination et la carrière du magistrat. Ce pouvoir de nomination ne prêterait pas à controverse s'il était partagé ou s'il était un pouvoir d'entériner des choix pré-effectués par un organe collégial. Normalement, le Conseil supérieur de la magistrature aurait dû jouer ce rôle. Mais la Constitution de 1996, dans le sillage de sa devancière, réduit cet organe à une instance sans pouvoir propre qui se contente de donner *« son avis sur les propositions de nomination et sur les sanctions disciplinaires concernant les magistrats du siège »*[187].

A cet effet, le professeur Maurice KAMTO propose une réforme visant à donner un contenu réel et conséquent au pouvoir judiciaire et à l'indépendance de la magistrature, qui pourrait être envisagée à partir des quelques idées suivantes :

- La nomination, entendue comme l'acte par lequel on accède au corps de la magistrature, resterait une prérogative de l'exécutif, mais la gestion de la carrière des magistrats incomberait au Conseil national des institutions judiciaires.

- La nomination des juges de la Cour suprême comme celle des membres du Conseil constitutionnel appartiendrait, concurremment au Président de la République, au Président de l'Assemblée nationale et au Président du sénat, la

---

[187] *Ibid*, p. 17.

désignation desdits juges étant (obligatoirement) entérinés par un acte du président de la République dans un délai précis, après approbation des propositions de nomination par l'Assemblée nationale et le sénat réunis en congrès : l'importance de la fonction de juge (ou conseiller) à la Cour suprême commande en effet que leur désignation obéisse à une procédure particulière impliquant les deux autres pouvoirs.

- En revanche, afin d'assumer pleinement leur indépendance, les magistrats du siège devraient être davantage sécurisés à travers l'affirmation et la mise en œuvre effective d'un principe fondamental : « *l'inamovibilité des juges* »[188].

Il aurait suffit à cet égard au constituant de 1996 de revisiter notre jeune histoire constitutionnelle pour découvrir que la Constitution du 4 mars 1960 disposait déjà en son article 41 que : *« Les magistrats du siège sont inamovibles »*. Il reste toujours possible au juge constitutionnel d'aujourd'hui de réintroduire ce principe d'inamovibilité des juges par le biais de l'interprétation du principe de l'indépendance du pouvoir judiciaire.

Ces quelques idées, « *nullement révolutionnaires, ne prétendent pas être une panacée. Elles n'ont d'autres ambitions que d'inviter à la réflexion et au débat, sur un sujet qui conditionne le devenir de la démocratie et de l'Etat de droit, ainsi que la dynamique des affaires au Cameroun, tant il est vrai que la sécurité juridique constitue de nos jours un atout au moins aussi important que la sécurité militaire* »[189], qui participe de la fonction d'incitation à un plus grand respect des droits fondamentaux par le juge ordinaire.

---

[188] Maurice KAMTO, « Les mutations de la justice camerounaise à la lumière des développements constitutionnels de 1996 », *ibid*, p. 18.
[189] *Ibid*, p. 19.

Paragraphe 2. L'incitation à un plus grand respect des droits fondamentaux

« *Le juge dans le maniement de la règle de droit doit à tout moment analyser si sa stricte application est équitable. Il doit faire œuvre d'imagination, c'est-à-dire projeter sur l'avenir les effets de sa décision. Un jugement et plus encore un arrêt, a pour objet essentiel de régler le litige soumis au juge. Mais, par sa décision, le juge ne tranche pas seulement un conflit passé, il fait aussi sens pour l'avenir. Les effets d'une décision de justice se projettent dans le temps et influencent ou peuvent influencer les activités futures, les liens contractuels ou les responsabilités de toute nature qui les environnent. Dans une certaine mesure, le juge participe à l'élaboration de la société de demain, il écrit l'histoire à venir. Il suggère même parfois au législateur, les voies d'une correction de la loi. Combien lourde alors la tâche du juge dans les domaines qui touchent à la liberté, à la sécurité des relations entre les hommes, aux droits de l'homme* »[190].

Cette description du juge par Théo KLEIN a reçu un écho favorable au Cameroun, car la contribution de ce dernier à la protection des droits fondamentaux est plus significative que par le passé. Même si avec un peu de recul, on se rend bien à l'évidence que cet apport est tout de même perfectible. Il est ici question du juge judiciaire et du juge administratif.

A. L'incitation du juge judiciaire

Beaucoup a été dit sur les dysfonctionnements des institutions judiciaires au Cameroun pour qu'il soit encore nécessaire d'y consacrer des développements. Rappelons néanmoins que, dans l'ensemble, il a été noté, malgré les réformes entreprises ici et là, que l'organisation

190 Voir Théo KLEIN, « La fonction de juge », *Mélanges en l'honneur à PETTITI Louis Edmond*, Bruxelles : Bruylant, 1998, p. 507-512, p. 511.

administrative interne des cours et des tribunaux reste archaïque et, surtout, que la décentralisation des juridictions reste faible et la couverture juridictionnelle du pays insuffisante[191]. S'il va de soi que ces difficultés contextuelles exogènes ont des répercussions sur la contribution des juges à la consolidation de la société de droit, le renfermement et la timidité de ceux-ci semblent plus que toute autre chose relativiser leurs efforts. Par conséquent, nous somme d'avis que moins de chauvinisme et plus de hardiesse, devraient, dans une large mesure, améliorer l'apport des juges à la construction d'une société de droit au Cameroun.

Cette contribution est perceptible sur un double plan : lorsque la violation de la liberté fondamentale est l'œuvre d'un particulier ou alors celle de l'administration.

1. La protection des droits fondamentaux violés par un particulier

Lorsque la violation de la liberté fondamentale est le fait d'un particulier, le juge judiciaire est habilité à intervenir, car c'est sa fonction de régir les rapports entre les individus vivant en société[192]. Il joue le rôle de médiateur entre la société et l'individu et de conciliation entre les exigences d'une réglementation compliquée découlant de la vie contemporaine et les valeurs humaines fondamentales[193].

---

191 ACCT, La justice dans les pays francophones, Conférence des ministres francophones de la justice, le Caire, 30-31 octobre-1er novembre 1995, *Coll. DDD*, Toulouse, 1995, p. 10 et s. Egalement, René DEGNI-SEGUI, « L'accès à la justice et ses obstacles », *op. cit*, p. 241-254, Michel FILIGA SAWADOGO, « L'accès à la justice en Afrique francophone : Problèmes et perspectives », *op. cit*, p. 295-309.

192 Lire M. C. BASCIOUMI, « Le rôle du juge dans la société moderne », *Revue Internationale de Droit Pénal*, vol. 46, p. 166.

193 Rose DJILA, « Contribution à l'étude de la protection de la liberté individuelle au Cameroun depuis 1990 », *op. cit*, p. 88.

Ainsi, à maintes reprises, les juges ont rappelé, pour ne citer que cet exemple en droit des personnes et de la famille, que la liberté nuptiale était un droit fondamental de la personne et en ont tiré la conséquence logique selon laquelle le lévirat et le sororat devraient être proscrits, et que les unions célébrées en l'absence d'un conjoint vivant, représenté pas ses parents consentant en ses lieu et place devraient être annulées[194], le mariage par procuration n'étant pas admis au Cameroun[195].

Ils ont également fait entendre leur voix chaque fois que des atteintes ont été portées à l'intégrité physique ou morale des personnes. Ainsi, ont-ils fermement condamné les actes de torture perpétrés par les membres de la police judiciaire et d'une manière plus générale, les violences exercées par les agents des forces de l'ordre sur les personnes[196]. Hormis les cas de torture, les meurtres et autres comportements attentatoires à l'intégrité des personnes ont également été sanctionnés.

---

194 En ce sens, voir par exemple TPD de Yaoundé, jugement N° 1010 du 30 juin 1997, Affaire *Tanti Flaubert contre Tanti née TAKTCHEU Delphine*, cité par Sylvain Sorel KUATE TAMEGHE, « La contribution du juge à la protection des droits de l'homme en Afrique centrale », *op. cit*, p. 232.

195 Il convient de mettre de côté les hypothèses assez exceptionnelles des mariages in extremis et port-mortem. Ordonnance camerounaise du 29 juin 1981, articles 66 et 67 ; cité par Sylvain Sorel KUATE TAMEGHE, « La contribution du juge à la protection des droits de l'homme en Afrique centrale », *op. cit*, p. 232.

196 En témoignent, pour ne citer que celles-ci et compte tenu de l'époque de l'adoption de la Constitution de 1996, *Ministère public et MAAH Hubert contre BAMA Jacques et autres* ; *Ministère public et NKUISSI Alexandre contre EROUME, MOUTASSIE et autres* ; *Ministère public et TAMA David contre ECHALLE. Respectivement, TGI du Mfoundi, jugements n° 195/Crim du 26 juin 1998 et N° 176/Crim du 5 juin 1998*. M. Félix ONANA ETOUNDI s'est récemment intéressé à cette question : « La responsabilité des membres de la police judiciaire depuis le nouvel article 132 bis du Code pénal sur la torture », *Cahier africain des droits de l'homme n°1*, novembre 1998, p. 135 et s.

Même après sa mort, les juges ont rappelé que l'homme mérite encore protection et que son corps ne peut être ravalé au rang d'un simple bien. Dans une cause insolite où un fonctionnaire interné à l'hôpital général de Douala suite à l'acceptation d'un bon de prise en charge délivré par l'Etat avait rendu l'âme et où les familiers du défunt s'étaient heurtés à l'empêchement d'enlever la dépouille au motif que ni les frais d'hospitalisation, ni les frais de morgue n'avaient été réglés, la Cour d'appel ordonne la remise immédiate du corps sous astreinte comminatoire de 250.000 francs CFA par jour de retard et la délivrance du certificat de décès nécessaire aux formalités de transport et d'inhumation[197].

Réponse était ainsi apportée à la question qui se posait depuis toujours de savoir si un centre hospitalier peut refuser de se dessaisir d'un corps qui aurait dû être remis à la famille du défunt jusqu'au règlement intégral de sa créance ; autrement dit, si le droit de rétention pourrait valablement être exercé sur le corps humain. La solution est non équivoque dans son esprit et dans sa lettre : *« s'il est de doctrine et de jurisprudence constantes que le droit de rétention peut être exercé par un créancier détenteur d'une chose matérielle et agissant de bonne foi, ces mêmes doctrine et jurisprudence précisent que la chose matérielle doit être dans le commerce et inaliénable… Considérant qu'en l'espèce, la dépouille mortelle et le certificat de décès demeurent hors du commerce et inaliénables, qu'ils ne peuvent par conséquent faire l'objet d'aucun droit de rétention »*[198].

Les libertés et droits fondamentaux du travailleur n'ont pas été du reste. Faisant face *« à la toute puissance des patrons »* [199], comme a pu l'écrire fort a propos M.

[197] Sylvain Sorel KUATE TAMEGHE, « La contribution du juge à la protection des droits de l'homme en Afrique centrale », *op. cit*, p. 232.
[198] CA Littoral, Arrêt N° 42/RF du 25 janvier 1995, *Juridis-périodique N° 33*, janvier – février – mars 1998, obs. NCHIMI, p. 15 et s.
[199] Voir E. J. MBENDANG, « Les droits fondamentaux des travailleurs dans le nouveau Code de travail du 14 août 1992 », *RJA*, 1994, p. 41.

MBENDANG, les cours et tribunaux ont souligné que les législations du travail et d'autres instruments reconnaissent le droit au travail, la liberté de travail, la liberté syndicale, le droit de grève, le droit à la santé et à la sécurité, la non discrimination, etc.

Ainsi ont-ils du, en particulier, annuler les licenciements abusifs et irréguliers. Peu nombreux sont désormais ceux qui ignorent, par exemple, que le licenciement d'un délégué du personnel suppose l'autorisation préalable de l'inspecteur du travail et, ce, même en cas de restructuration de l'entreprise ; que sont interdites toutes pratiques subordonnant l'emploi à l'adhésion ou à la non adhésion à un syndicat ; qu'on ne saurait licencier un travailleur ou lui causer un préjudice ou un désagrément en raison de son affiliation à un syndicat ou de sa participation à des activités syndicales[200].

Les hautes fonctions précédemment et actuellement occupées par certains suspects ne les ont par mis à l'abri des poursuites et des condamnations. Au Cameroun, les affaires Titus EDZOA, ONANA Vincent, ENGO désire, et bien d'autres, ont fait la preuve que la loi tend à être la même pour tous, que l'époque des « *intouchables* » est entrain d'être révolue. Toutes ces décisions devenues des repères malgré l'autorité parfois affaiblie de la juridiction qui les rend, incitent à un plus grand respect du droit[201].

Il arrive parfois que les droits fondamentaux soient violés par l'administration. Dans ce cas, le juge judiciaire est appelé aussi à intervenir.

---

200 21 octobre 1996, Bulletin des arrêts de la Cour d'appel n°4, octobre 1999, p. 13 et s.

201 Sylvain Sorel KUATE TAMEGHE, « La contribution du juge à la protection des droits de l'homme en Afrique centrale », *op. cit*, p. 233.

2. La protection des droits fondamentaux violés par l'administration

Lorsque la violation des droits et libertés fondamentaux émane de l'administration, le juge judiciaire est également compétent pour sanctionner cette atteinte. Cette attribution lui est reconnue par l'article 9 de l'ordonnance n° 72/6 du 26 août 1972 organisant la Cour suprême modifiée par la loi n°2006/016 du 29 décembre 2006 fixant l'organisation et le fonctionnement de la Cour suprême, qui dispose : *« les tribunaux judiciaires connaissant des emprises et voies de fait administratives et ordonnent toutes mesures pour qu'il y soit mis fin »*.

L'emprise est toute prise de possession irrégulière par l'administration à titre provisoire ou définitif d'une propriété immobilière privée. Cette notion a été précisée par la jurisprudence camerounaise dans l'affaire *MEDOU Gaston C/ Etat fédéral du Cameroun oriental*[202].

Il y a voie de fait administrative lorsque l'administration par un acte grossièrement illégal, porte atteinte à une liberté fondamentale ou à la propriété privée. Dans ce cas, le juge judiciaire intervient pour protéger la liberté en réparant le préjudice subi après que le juge administratif ait constaté et qualifié. L'arrêt de l'Assemblée plénière de la Cour fédérale de justice n°10 du 17 octobre 1968, *MVE NDONGO*, en est une véritable illustration. Le juge judiciaire a donc plénitude de pouvoir en matière de voie de fait. Loin de réparer le préjudice, il peut adresser des injonctions à l'administration.

En somme, l'on constate que sur le plan du droit répressif, les textes bien que limités, donnent compétence au juge judiciaire pour la protection des droits fondamentaux. Qu'en est-il exactement du juge administratif ?

---

[202] Arrêt n° 157, CA de Yaoundé, 23 mars 1971, *MEDOU Gaston c/ Etat du Cameroun.*

B. L'incitation du juge administratif

En dépit des insuffisances relatives à l'organisation judiciaire, à l'administration dans l'exécution des décisions de justice, à la lenteur du juge et à l'intervention du législateur dans les restrictions des libertés fondamentales, le juge administratif camerounais possède désormais des pouvoirs très étendus en matière de protection des libertés fondamentales.

En effet, il ressort des réformes de 2006[203]que le contentieux administratif sera désormais réglé en premier ressort par les tribunaux administratifs[204], en appel et en cassation par la chambre administrative de la Cour suprême.

Les tribunaux administratifs sont les juridictions inférieures en matière de contentieux administratif[205]. Il ressort de l'article 2 alinéa 2 de la loi n°2006/022 que *« les tribunaux administratifs connaissent en premier ressort du contentieux administratif concernant l'Etat, les collectivités territoriales décentralisées et les établissements publics administratifs »*.

L'article 6 de la loi n°2006/022 dispose que : « *le tribunal administratif est composé : au siège : d'un Président, de juges, d'un greffier en chef, de greffiers ; au parquet : du Procureur général près la Cour d'appel du ressort du tribunal administratif, d'un ou plusieurs*

---

203 Il s'agit de la loi n° 2006/016 du 29 décembre 2006 fixant l'organisation et le fonctionnement de la Cour suprême et de la loi n° 2006/022 du 29 décembre 2006 fixant l'organisation et le fonctionnement des tribunaux administratifs.

204 En ce qui concerne sa compétence territoriale, d'après l'article 5 de la loi n°2006/022, il est créé un tribunal administratif par région et son siège est fixé au Chef-lieu de ladite région. Toutefois, suivant les nécessités de service, le ressort d'un tribunal administratif peut être étendu à plusieurs régions.

205 Article 2 de la loi n°2006/022. Voir commentaire de la loi par Célestin KEUTCHA TCHAPNGA, « La réforme attendu du contentieux administratif au Cameroun», *Juridis Périodique n°70*, Avril-Mai-Juin 2007, p. 24-29.

substituts du Procureur général. Les membres du tribunal administratif et ceux du parquet sont des magistrats relevant du statut de la magistrature »[206].

La compétence matérielle du tribunal administratif ressort de la lecture combinée des articles 2 alinéa 3 et 14 de la loi n°2006/022. Ainsi, les tribunaux administratifs sont juges de droit commun du contentieux administratif. Ils connaissent à cet effet : des recours en annulation pour excès de pouvoir[207] et, en matière non répressive, les recours incidents en appréciation de légalité ; des actions en indemnisation du préjudice causé par un acte administratif ; des litiges concernant les contrats (à l'exception de ceux conclus même implicitement sous l'empire du droit privé) ou les concessions de services publics ; des litiges intéressant le domaine public ; des litiges intéressant les opérations de maintien de l'ordre. Tout comme dans l'ordre judiciaire, dans l'ordre administratif il existe également une juridiction

[206] Toutefois, des juges ou substituts en service extraordinaire au tribunal peuvent être nommés pour une période de cinq ans parmi : les professeurs de droit des universités ayant exercé comme enseignant pendant au moins dix années consécutives ; les chargés de cours en droit des universités ayant exercé comme enseignant pendant au moins quinze années consécutives ; les fonctionnaires de la catégorie A et les cadres contractuels d'administration titulaires d'une maîtrise en droit ayant exercé leurs fonctions pendant au moins quinze années consécutives. Article 8 de la loi n°2006/022 précitée. Cette composition des membres du tribunal administratif a été critiquée par la doctrine. Voir Célestin KEUTCHA TCHAPNGA, article précité, p. 26 et s.

[207] Le recours pour excès de pouvoir est dirigé, en vue de les faire annuler pour cause d'illégalité, contre des actes unilatéraux émanant soit d'une autorité administrative, soit d'un organisme privé agissant dans le cadre d'une mission de service public. On distingue traditionnellement quatre « *cas d'ouverture* » de ce recours : l'incompétence de l'auteur de l'acte, le vice de forme affectant des formalités substantielles, le détournement de pouvoir, la « *violation de la loi* » comprise comme une illégalité relative aux motifs ou à l'objet même de l'acte. Lire Raymond GUILLIEN, Jean VINCENT (dir), *Lexique des termes juridiques*, 13e éd., Paris : Dalloz, 2001, 592 p, p. 464.

présidentielle. En effet, certaines compétences sont attribuées au Président du tribunal administratif en matière de référé administratifs, de sursis à exécution, voire en matière d'exequatur[208].

La Chambre administrative de la Cour suprême qui a une organisation particulière joue désormais le rôle de juridiction d'appel et de juridiction de cassation en matière de contentieux administratif. La Chambre administrative connaît : des appels formés contre les décisions rendues en matière de contentieux des élections régionales et municipales ; des pourvois formés contre les décisions rendues en dernier ressort par les juridictions inférieures en matière de contentieux administratif ; des exceptions préjudicielles soulevées en matière de voie de fait et d'emprise devant les juridictions inférieures en matière de contentieux administratif. Elle connaît, en outre, de toute autre matière qui lui est expressément attribuée par la loi. Les fonctions de la Chambre administrative semblent plus élargies que celle de la Chambre judiciaire. Juge de cassation, la Chambre administrative est chargée de statuer souverainement sur les décisions rendues en dernier ressort par les juridictions inférieures en matière administrative ; juge d'appel, elle connaît du contentieux des élections locales. Cette double fonction (juge administratif et juge électoral) rend compte de l'originalité de cette instance. La Chambre administrative nouvelle version est une instance proche du Conseil d'Etat français ; par le jeu des compétences prévues à l'article 40 de la loi du 18 Janvier 1996, elle est juge de cassation, juge administratif d'appel dans certaines matières et, pour d'autres matières, juge en premier et dernier ressort, loin en tout cas devant

---

208 Lire Yvette Rachel KALIEU ELONGO, « Organisation judiciaire au Cameroun », *op. cit*, p. 111.

l'Assemblée plénière qui n'était que juge administratif d'appel[209].

Le juge administratif camerounais avait bien démontré sa compétence dans son ordonnance n°2 du 26 octobre 1994, *E.P.C*[210]*contre Etat du Cameroun.* Ici, le juge administratif entend protéger la liberté d'association en sanctionnant l'incompétence matérielle du gouverneur du Centre pour suspendre l'activité d'une association ou interdire cette activité. Le droit français est indifférent de la position camerounaise. Dans l'arrêt *société FRAMPAR et société France Editions et Publications*[211], en annulant l'acte de l'administration algérienne portant la saisie des journaux de ladite société, le juge administratif protège la liberté de presse.

L'unité des juridictions civiles et pénales et la séparation des contentieux constituent deux principes fondamentaux qui cherchent[212] à être maintenus, sous réserve de la création de certaines juridictions d'exception dont la composition est particulière, afin de répondre à certains besoins. En conséquence, toutes les juridictions de l'ordre judiciaire, civiles et pénales, relèvent par la voie d'un recours, de la Cour suprême en ses chambres civile et criminelle ; et toutes les juridictions de l'ordre administratif et de l'ordre des comptes, par un recours, de la même Cour suprême, mais cette fois en ses chambres administrative et des comptes ; sauf cas d'exceptions. Toutefois, avec la présentation des juridictions de l'ordre judiciaire et de l'ordre

209 Voir Darly-Aymar DJOFANG, « Le nouveau visage de la Cour suprême du Cameroun : vers une plus grande efficacité ? », *Revue de l'ERSUMA droit des affaires et pratique professionnelle n°1*, juin 2012, http://revue.ersuma.org/no-1-juin-2012/legislation-15/LE-NOUVEAU-VISAGE-DE-LA-COUR (consulté le 5 janvier 2017)

210 *Eglise Presbytérienne du Cameroun.*

211 C.E, 24 Juin 1960, *Société FRAMPAR et Société France. Edition et publication, GAJA n° 100.*

212 Ils ne le sont pas encore. La cour suprême continue de jouer divers rôles en attendant la mise en place effective de certaines juridictions.

administratif ou des comptes, on n'a pas épuisé la liste de tous les organes susceptibles d'intervenir pour régler les situations litigieuses intéressant les nationaux camerounais ou les personnes exerçant leurs activités sur le territoire camerounais. Si l'on veut essayer de présenter un tableau sinon fidèle, du moins satisfaisant des institutions de la justice au Cameroun, il est indispensable de compléter la présentation des juridictions dans deux directions. Il n'est pas possible de limiter la description des juridictions camerounaises aux seuls tribunaux internes. Il existe un certain nombre de juridictions à caractère universel, régional ou sous régional destinées à régler divers problèmes (notamment économiques, d'intégration, de droits de l'homme, de droit humanitaire, etc.) intéressant le Cameroun et ses ressortissants. Il existe, également, dans le cadre interne camerounais, des juridictions qui ne sont rattachées ni à l'ordre judiciaire, ni à l'ordre administratif. Tel est le cas du Conseil constitutionnel et de la Haute Cour de Justice[213].

Le progrès dans la protection des droits fondamentaux n'est donc pas seulement le fait du juge ordinaire. Il résulte également de l'instauration d'un véritable juge constitutionnel.

---

[213] Ni l'ordonnance n°72/4 du 26 août 1972, ni la loi n°2006/015 du 29 décembre 2006 ne citent la Haute Cour de Justice comme une juridiction rendant la justice au Cameroun. Pourtant, il s'agit bel et bien d'une juridiction créée par l'article 34 de la Constitution du 2 juin 1972. La Haute Cour de Justice est organisée et fonctionne de manière assez spéciale. Elle fera l'objet d'une étude spécifique. Lire Yvette Rachel KALIEU ELONGO, « Organisation judiciaire au Cameroun », *op. cit*, p. 96.

Section 2. L'instauration d'un véritable juge constitutionnel

Les normes constitutionnelles constituent le socle des libertés fondamentales dont le juge constitutionnel assure le respect. Pour GUASTINI Riccardo, *« il s'agit du meilleur moyen de garantie des libertés fondamentales »*[214]. Le juge constitutionnel à travers le contrôle de la constitutionnalité des lois limite les abus du législateur[215].

Avant la promulgation de la loi constitutionnelle du 18 janvier 1996, le contrôle de constitutionnalité des lois au Cameroun était un mythe. Il se caractérisait par son ineffectivité. La Constitution révisée de 1972 et la loi n°2004/004 du 21 avril 2004 fixant l'organisation et le fonctionnement du Conseil constitutionnel ont formellement instauré un contrôle crédible de constitutionnalité des lois.

---

214 En effet, la garantie fondamentale qu'offre le régime de l'Etat de droit se manifeste à la fois par la hiérarchie des normes et sa sanction. Tout d'abord, la hiérarchie des normes qui assure la suprématie constitutionnelle substituée à la souveraineté parlementaire, vise à hisser les droits fondamentaux au niveau le plus élevé, celui de la loi fondamentale, et à leur conférer ainsi une valeur constitutionnelle. Ensuite, le respect de cette hiérarchie est garanti par un contrôle spécifique, le contrôle de la constitutionnalité des lois. Celui-ci est exercé par le juge constitutionnel qui y joue un rôle clé. Jacques CHEVALIER relève en ce sens qu'il est *« la clé de voûte et la condition de réalisation de l'Etat de droit »*. Le juge constitutionnel devient dès lors le véritable défenseur des droits fondamentaux, chargé à ce titre de sanctionner les actes du législateur contraires auxdits droits. Voir Ricardo GUASTINI, « Réflexion sur les garanties des droits dans la Constitution », *in RDP*, 1991, p. 1079 et s.

215 Selon ONDOA Magloire, avec la nouvelle Constitution, la protection des libertés fondamentales a connu une évolution, Magloire ONDOA, « Commentaire sur la loi n° 96/06 du 18 janvier 1996 portant révision de la Constitution du 02 juin 1972 », *op. cit*, p. 13.

Paragraphe 1. L'ineffectivité de la Cour suprême statuant comme juge constitutionnel

En 1960, le Cameroun est indépendant. L'impératif de construire un Etat prend le dessus sur la garantie des droits fondamentaux. Dès lors, aucune disposition de la Constitution de 1960 ne prévoit un contrôle de la constitutionnalité des lois votées. Par contre, la Constitution fédérale de 1961 avait instauré une institution de contrôle dont la Constitution de 1972 a hérité[216]. Ces organes juridictionnels de contrôle[217] étaient marqués par des contraintes juridiques qui trouvaient leur source dans la saisine et dans la composition de l'organe de contrôle.

A. Les limites relatives à la saisine

Aux termes de l'article 29 de la Constitution fédérale de 1961, seul le président de l'Assemblée nationale fédérale et le président de la République fédérale pouvait saisir la Cour fédérale de justice sur la recevabilité d'un projet de loi litigieux ou bien lorsqu'il y a doute sur ce texte. La Constitution de 1972 reprend *mutatis mutandis* cette disposition en son article 27. La seule différence se situant au niveau de la Cour. En 1972, c'est la Cour suprême qui est l'organe compétent. Lorsque la loi est votée, seul le président de la République a compétence pour saisir la Cour suprême

216 Lire Augustin KONTCHOU KOUOMEGNI, « Vers un nouveau modèle de contrôle de la constitutionnalité des lois au Cameroun », *in Les Cours suprêmes en Afrique*, t. 2, CONAC Gérard (dir.), Paris : Economica, 1989, p. 44-63, p. 46.

217 Il s'agit de la C.F.J en 1961 et de la C.S en 1972. Les deux organes ont été marqués par les mêmes contraintes juridiques. Ainsi, l'intitulé de cette section est aussi valable en ce qui concerne la C.F.J juste à changer C.S par C.F.J, cité par Jean Claude TENE, Les innovations des droits de l'homme dans la Constitution révisée de 1972, *op. cit*, p. 32.

jadis appelée Cour fédérale de justice en 1961, lorsqu'il estime qu'une loi est contraire à la Constitution[218].

Au regard de ces deux normes suprêmes qui ont précédé la réforme constitutionnelle de 1996, la saisine est limitée au président de la République et au président de l'Assemblée nationale en cas de contrôle préventif[219]et seul au président de la République lorsque l'Assemblée nationale a déjà voté la loi.

La limitation de la saisine constitue ainsi une atteindre grave aux droits fondamentaux quand on sait que depuis l'indépendance jusqu'à nos jours, le président de la République n'a jamais saisi la Cour pour qu'elle puisse se prononcer sur l'inconstitutionnalité d'une loi, ceci malgré l'existence des lois inconstitutionnelles. Il s'agit à titre d'exemple, de la loi n° 68/LF/21 du 18 novembre 1968 qui prorogeait le mandat des députés à l'Assemblée nationale fédérale alors que la Constitution n'avait pas prévu cette ressource. C'est bien plus tard que la révision constitutionnelle du 10 novembre 1969 a constitutionnalisé cette possibilité[220]. Il s'agit également de l'ordonnance n°72/16 du 28 septembre 1972 portant répression du vol dont certaines dispositions ont un caractère rétroactif. Ce qui est contraire à la Constitution du 02 juin 1972.

Le pouvoir du Président de la République est discrétionnaire et souverain. En dehors de cette autorité, aucune autre ne peut saisir l'organe. Bien plus, le contrôle par voie d'exception n'étant pas formellement prévu et le juge camerounais n'ayant pas reconnu le droit de saisine aux particuliers, on pouvons dire que la jurisprudence contribue

---

218 Article 14 de la Constitution fédérale de 1961, article 10 de la Constitution de 1972.

219 Le contrôle est préventif parce qu'il tend à éviter l'adoption d'une loi inconstitutionnelle.

220 Lire Augustin KONTCHOU KOUOMEGNI, « Vers un nouveau modèle de contrôle de la constitutionnalité des lois au Cameroun », *op. cit*, p. 55.

à asseoir la toute puissance du président de la République à ce sujet. L'arrêt n°4 du 28 octobre 1970 de la Cour suprême du Cameroun occidental en est une évidence. En fait, le juge pose clairement qu'*« aucun contrôle de constitutionnalité des lois par voie d'exception n'est prévu par le droit camerounais »*[221].

Le contrôle de la constitutionnalité des lois avant 1996 semblait consolider la prépondérance du chef de l'Etat sur l'Assemblée nationale, car conscient de l'ère de la loi où le législateur était capable de tout faire et dont la conséquence en France a été l'arbitraire du parlement et la violation constante des droits fondamentaux. Le constituant a voulu le rationaliser afin de *« protéger les citoyens contre l'éventuel arbitraire du législateur »*[222].

Cette prééminence du chef de l'Etat se trouve aussi renforcée dans les rapports exécutif-législatif[223]. De ce fait, le président de la République monopolise non seulement la saisine de l'organe de contrôle, il doit aussi modifier la composition de cet organe lorsqu'il l'aura une fois saisi.

B. Les limites relatives à la composition

Non seulement la saisine de la Cour en matière de contrôle de la constitutionnalité des lois était réservée uniquement au chef de l'Etat, ce dernier devait, comme il a été dit, une fois la Cour saisie, modifier sa composition. L'article 33 de la Constitution du 2 juin 1972 reprenant intégralement les dispositions de l'article 34 de la Constitution fédérale[224], énonce en effet que dans une telle situation, « *la Cour doit être complétée à nombre égal par les*

[221] Voir François MBOME, « Le contrôle de la constitutionnalité des lois au Cameroun », in *RCD* N° 13 et 14, p. 35-49, p. 49.
[222] Augustin KONTCHOU KOUOMEGNI, « Vers un nouveau modèle de contrôle de la constitutionnalité des lois au Cameroun », *op. cit*, p. 49.
[223] La saisine est partagée en d'autres pays entre l'exécutif et le législatif.
[224] Sauf à lire C.F.J et président de la République fédérale en 1961.

personnalités désignées en raison de leur compétence et de leur expérience pour une durée d'un an par le président de la République ».

La composition temporaire de la Cour constitue, de l'avis même du professeur KONTCHOU, *« une arme redoutable entre les mains du chef de l'Etat qui peut, ainsi, orienter l'attitude de la haute juridiction sur les sujets alors soumis à son jugement »*[225]. Ceci est évident puisque le président de la République étant le seul juge de « *la compétence* » et de l'« *expérience* » de ces personnalités, choisira le plus souvent ceux qui adhèrent à ses aspirations politiques. Même ceux des membres permanents qui paraîtront nuisibles, seront remplacés, le président de la République détenant seul le pouvoir de nomination et de mutation de ceux-ci.

Au regard de tous ces freins juridiques qui rendaient la justice constitutionnelle inopérante, il était donc temps, comme le souligne le professeur KAMTO, *« de procéder à un réaménagement des mécanismes de contrôle afin de les mettre en phase avec le contexte de pluralisme politique actuel et le rendre plus opérant ».*[226]C'est du reste, le souci du constituant de 1996 qui semble par la création du Conseil constitutionnel, avoir mis sur pied les règles nécessaires pour une justice constitutionnelle efficace[227].

Paragraphe 2. L'apport du nouveau Conseil constitutionnel

Dans tout pays où la Constitution est écrite, elle constitue la norme suprême. Toute règle autre de poids inférieur, y compris la loi, doit se conformer à celle-ci. Cette

---

225 Augustin KONTCHOU KOUOMEGNI, « Vers un nouveau modèle de contrôle de la constitutionnalité des lois au Cameroun », *op. cit*, p. 50.

226 Voir Maurice KAMTO, « Dynamique constitutionnelle du Cameroun indépendant », *op. cit.* p. 21.

227 Jean Claude TENE, Les innovations des droits de l'homme dans la Constitution révisée de 1972, *op. cit*, p. 36.

supériorité de la Constitution se traduit par la contrainte de suivre une procédure spéciale pour sa révision et surtout par l'institution des mécanismes de contrôle[228].

Dès 1961, le Cameroun a confié cette mission de contrôle et de surveillance du principe de juridicité à un organe inadapté[229] dont la défaillance n'était plus à démonter. Il fallait donc compte tenu de l'environnement sociopolitique du pays, rompre avec cette tradition. C'est dans cette optique que le constituant de 1996 à crée le Conseil constitutionnel, juge de la constitutionnalité des lois et en la constitutionnalisation du préambule[230] qui était « *déconstitutionnalisé* »[231].

Le Conseil constitutionnel camerounais, comme celui de la France en 1958, a essentiellement un rôle de surveillance de la répartition des compétences entre les pouvoirs. Il est ainsi exclu d'emblée, la participation des citoyens. Toutefois, il n'est pas exclu que le nouveau juge constitutionnel puisse construire comme son homologue français, une jurisprudence adéquate en matière de droits fondamentaux.

D'entrée de jeu, la lecture du Titre VII consacré au Conseil constitutionnel et la loi n°2004/004 du 21 avril 2004 laissent envisager une certaine efficacité de cette institution tant ses modalités de contrôle, que son statut[232].

---

228 Lire F. HAMON, C. WIENER, « Le contrôle de constitutionnalité : présentation générale France, Etats-Unis », *in Droit constitutionnel et institutions politiques, Document d'étude n°1*, 15e éd, 1991, p. 2-13, p. 2.

229 Inadapté parce que le contrôle était exercé par les organes de nature judiciaire.

230 Lire James MOUANGUE KOBILA, « Le préambule du texte constitutionnel du 18 janvier 1996 : de l'enseigne décorative à l'étalage utilitaire », *Lex Lata*, février mars 1996, n°023-024, p. 33-38.

231 Cité par Magloire ONDOA, « Commentaire de la loi n°96/06 du 18 janvier 1996 portant révision de la Constitution du 02 juin 1972 », *op. cit*, p. 12.

232 Le statut de ses membres est fixé par la loi n°2004/005 de la même date.

A. Les innovations sur les modalités de contrôle

Il ressort des dispositions du Titre 1 de la loi n°2004/004 que le Conseil constitutionnel est aussi, d'une part, juge des élections, du référendum et de conflits d'attributions et d'autre part, organe de consultation et de constat. En tant que juridiction électorale et référendaire, le Conseil constitutionnel veille à la régularité de l'élection présidentielle, de l'élection des membres du parlement et des consultations référendaires. Il veille à la sincérité du scrutin, il en proclame les résultats. En tant que juge des conflits d'attributions, le Conseil constitutionnel est compétent pour statuer sur tout conflit d'attributions entre les institutions de l'Etat, entre l'Etat et les régions, et entre les régions.

En tant qu'organe de consultation[233], le Conseil constitutionnel est compétent pour émettre des avis sur : l'interprétation de la Constitution, tout point de droit constitutionnel, électoral et parlementaire, les matières expressément mentionnées à l'article 47 de la Constitution, les avis émis qui sont notifiés à l'auteur de la demande.

En tant qu'organe de constat[234], le Conseil constitutionnel est compétent pour constater la vacance de la présidence de la République. Il est saisi par la Président de l'Assemblée nationale, après avis conforme du bureau, dans les cas prévus à l'article 6 (4) de la Constitution. Il statue alors à la majorité des deux tiers de ses membres.

En tout état de cause, bien que le mode de contrôle existant dans les textes devanciers ait été repris par le constituant, l'initiative de la saisine a été toutefois élargie.

---

233 Article 34 de la loi n°2004/004 précitée.

234 Articles 38 et 39 de la loi n°2004/004 précitée.

1. Le contrôle rénové

Le contrôle de la constitutionnalité des lois au Cameroun est comme par le passé, un contrôle par voie d'action. Autrement dit, toute loi inconstitutionnelle peut directement être portée devant le Conseil constitutionnel en vue de le faire annuler à l'égard de tout le monde. Dès lors, l'acte annulé n'est jamais censé avoir existé.

Le contrôle est aussi à priori. L'article 47 alinéa 3 de la Constitution de 1996 précise à ce sujet que : *« avant leur promulgation, les lois ainsi que les traités et les accords internationaux peuvent être déférés au Conseil constitutionnel par le président de la République, le président de l'Assemblée nationale, le président du sénat, un tiers des députés ou un tiers des sénateurs, le président des exécutifs régionaux … »*. Il ressort de l'articulation de cette disposition que la loi, une fois promulguée, ne peut plus faire l'objet d'un contrôle. Aussi, le contrôle ne peut être exercé que lorsque la loi votée par le parlement n'est pas encore promulguée par le président de la République. Une fois promulguée, la loi n'est plus susceptible d'être contrôlée, car le contrôle à postériori ou par voie d'exception n'existe pas formellement au Cameroun.

Si le contrôle à priori a un effet préventif en ce qu'il assure une plus grande sécurité juridique, au moment où il intervient, on ne peut pas pressentir tous *« les effets induits de la norme »*, *tout comme « les situations concrètes qu'elle devra régir »*, *car elle ne peut être contestée, une fois qu'elle est déclarée constitutionnelle »*.[235] C'est pour cette raison que plusieurs pays à l'instar des Etats-Unis d'Amérique ont choisi le contrôle à postériori, contrairement à la France et le Cameroun.

Le système camerounais de contrôle de la constitutionnalité des lois, qui n'est en vérité qu'une copie du système français, laisse entrevoir, pour reprendre les termes

---

[235] F. HAMON, C. WIENER, « Le contrôle de constitutionnalité : présentation générale France, Etats-Unis », *op. cit*, p. 4.

de M. Jacques FERSTENBERT, *« un problème irritant : des lois en vigueur ne sont pas conformes à la Constitution et l'on doit pouvoir, en tenant compte des exigences de la sécurité juridique, le dire et en tirer les conséquences »*[236]. Dès lors que le Cameroun adopte un contrôle à priori et par voie d'action, la question doit se poser quant aux modalités de saisine. A ce sujet, le constituant a élargie la saisine.

2. La saisine élargie

Jusqu'en 1996, le contrôle de la constitutionnalité des lois était *« un contrôle sous tutelle de l'exécutif, du président de la République, tant il détenait le monopole de la composition de l'organe de contrôle, qu'il était seul compétent à le saisir »*[237].

La réforme constitutionnelle de 1996, bien qu'elle n'innove pas en ce qui concerne le mode de contrôle, ouvre la saisine à un grand nombre d'autorité. Il s'agit en vertu de l'article 47 alinéa 2 : *« du président de la République, du président de l'Assemblée nationale, du président du sénat, un tiers des députés ou un tiers des sénateurs, éventuellement du président des exécutifs régionaux »*.

Pour une garantie et une protection effective des droits et libertés fondamentaux, l'élargissement de la saisine est une vertu d'autant plus que le contrôle est à priori, et que les particuliers, sauf interprétation implicite du texte constitutionnel par le juge, ne peuvent saisir le Conseil constitutionnel. La saisine du Conseil par les justiciables n'est pas expressément interdite par le constituant. Il serait donc souhaitable que la jurisprudence à venir entérine cette jurisprudence constante qui refusait d'examiner la

---

236 Cité par Maurice KAMTO, James MOUANGUE KOBILA, « Sur une question en débat : nullité du mandat impératif et déchéance des élus au Cameroun », *in Lex. Lata n°032*, novembre 1996, p. 9-16, p. 12.

237 Lire Alain Didier OLINGA, « L'article 67 de la Constitution », *op. cit*, p. 3.

constitutionnalité des lois par voie d'exception[238]. A la logique, l'on devrait formellement accorder aux citoyens, le bénéfice de soulever l'exception d'inconstitutionnalité d'une loi devant le juge[239], car la garantie des droits fondamentaux n'est effective que si les justiciables concourent eux aussi à la protection de leurs droits. L'élargissement de la saisine est un atout considérable pour une garantie constitutionnelle crédible des droits et libertés fondamentaux de l'homme. Le statut du Conseil constitutionnel participe également à cette fin.

B. Les innovations statutaires

Non seulement l'indépendance du Conseil constitutionnel est une garantie par la consécration à lui seul du Titre VII, mais aussi par l'alinéa 1 de l'article 47 qui précise : *« le Conseil constitutionnel statue souverainement… »*. Le caractère définitif et impératif des décisions du Conseil consolide donc son statut. A ce sujet, l'article 50 alinéa 1 dispose que : *« les décisions du Conseil constitutionnel ne sont susceptibles d'aucun recours. Elles s'imposent au pouvoir public et à toutes les autorités administratives, militaires et juridictionnelles, ainsi qu'à toute personne physique ou morale »*.

---

238 Il s'agit de la jurisprudence administrative : Affaire *Société des grands travaux de l'Ouest (SGTC) contre Etat du Cameroun*, de la décision du juge judiciaire : CA de Garoua, arrêt n° 9 du 5 mai 1973, cf. Maurice KAMTO, James MOUANGUE KOBILA, « Sur une question en débat : nullité du mandat impératif et déchéance des élus au Cameroun », *op. cit*, *ibid.*

239 C'est le cas en France où la réforme envisagée vise la saisine du Conseil constitutionnel sur renvoi des juridictions devant lesquelles le défendeur a contesté la conformité d'une loi qu'on veut lui appliquer à la Constitution. Voir Philippe MANGA, « Le contrôle de la constitutionnalité des lois au Cameroun : un cliché à corriger », *in Juridis-infos, n°11*, juin-août-septembre 1992, p. 63.

S'agissent de la composition du Conseil, l'on peut distinguer les membres nommés des membres de droit : les membres nommés sont au nombre de onze[240]. Ils sont nommés par le président de la République et désignés comme suit : trois parmi lesquels le président du Conseil constitutionnel par le président de la République ; trois par le président de l'Assemblée nationale après avis du bureau ; trois par le président du Sénat après avis du bureau ; deux par le Conseil supérieur de la magistrature[241].

On note ici le caractère politique accentué de cet organe, car sur onze membres, deux seulement sont nommés par le Conseil supérieur de la magistrature et les neufs autres par les autorités politiques. On aurait pu prévoir la nomination des juristes en son sein[242].

Quant aux membres de droit, ils sont constitués par des anciens présidents de la République. Ceci n'est qu'une copie de la tradition française où les anciens Présidents ont toujours été membres de droit du Conseil constitutionnel.

« ... Dès lors qu'il y'a eu prise de conscience que le législateur peut, comme tout pouvoir, porter atteinte aux droits fondamentaux, l'établissement d'un contrôle de constitutionnalité des lois est la condition première, au sens de hiérarchie, de l'existence de tout système visant à assurer une protection effective de ces droits »[243]. En instaurant formellement un véritable juge constitutionnel, le Cameroun a obéi à *« cette condition première »* dont parlait le professeur ROUSSILLON[244].

---

240 Article 51 alinéa 1 de la loi constitutionnelle du 18 janvier 1996.

241 Article 51 alinéa 2, loi précitée.

242 Magloire ONDOA, « Commentaire de la loi n°96/06 du 18 janvier 1996 portant révision de la Constitution du 02 juin 1972 », *op. cit*, p. 14.

243 *Ibid*, p. 14.

244 Henri ROUSSILLON, « Contrôle de constitutionnalité et droits fondamentaux », *in Colloque sur l'effectivité des droits fondamentaux dans les pays de la communauté francophone*, Montréal : AUPELF-UREF, p. 371-379, p. 379, cité par Jean Claude TENE, Les innovations des droits de l'homme dans la Constitution révisée de 1972, *op. cit*, p. 41. La notion de

Probante à cet effet est la série de décisions rendues quelques années auparavant en matière de droit électoral. Ces décisions ont défrayé la chronique et, ce faisant, rapproché la justice du justiciable potentiel et de l'opinion publique en général, et surtout aiguisé l'attention des citoyens sur le droit de vote, droit fondamental proclamé depuis des décades dans les différentes déclarations et pactes de portée universelle et repris, d'une manière ou d'une autre, par notre texte constitutionnel.

En particulier, à l'occasion des élections législatives du 17 mai 1997, la Cour suprême statuant *es qualité* de Conseil constitutionnel, a annulé les opérations de vote dans les circonstances électorales du Mayo- Banyo[245], du Mayo-Rey[246] et du Ndé[247] aux motifs qu'il y avait eu de nombreuses irrégularités de nature à altérer la sincérité et la véracité du scrutin, notamment la falsification et la confiscation par les autorités administratives des procès verbaux de recensement des votes, la distribution frauduleuse des cartes d'électeurs, le bourrage des urnes, l'intimidation des électeurs par menaces, violences et voies de fait, comportements constituant des atteintes graves aux droits civiques.

La loi n° 2004/004 du 21 avril 2004 pourrait également contribuer à son efficacité. Par ailleurs, la réforme de la Cour suprême par la loi 2006-016 du 29 décembre 2006 s'inscrit dans la mouvance de la nouvelle organisation judicaire du pays issue de la loi n° 2006-015 du 29 décembre 2006. Toutes ces réformes trouvent leur fondement dans la

---

progressivité énoncée à l'article 67 peut néanmoins constituer un frein solide à la mise en place des nouvelles institutions. Lire Alain Didier OLINGA, « L'article 67 de la Constitution », *op. cit*, p. 3-9.

245 CS, arrêt N° 22/96-97 du 3 juin 1997, Affaire *UNDP contre Etat du Cameroun*, arrêt N° 22/96-97 du 3 juin 1997, Affaire *UNDP et MDR contre Etat du Cameroun.*

246 CS, Arrêt n° 51/96-97 du 3 juin 1997, *Affaire UNDP contre Etat du Cameroun.*

247 CS, Arrêt n° 46/CS/96-97 du 03 juin 1997.

loi Constitutionnelle du 18 janvier 1996 qui marque l'évolution dans le statut de la justice au Cameroun ; celle-ci étant devenue un véritable « pouvoir judiciaire ». En tout état de cause, on note également au Cameroun, une certaine influence des garanties non-juridictionnelles et internationales.

CHAPITRE 2.

L'INFLUENCE DES GARANTIES NON-JURIDICTIONNELLES ET INTERNATIONALES

Pour le professeur Paul Gérard POUGOUE : *« il n'y a pas que les juges pour protéger les droits de l'homme. Dans ce domaine, il ne faut pas minimiser le poids de l'opinion publique par exemple comme mécanisme non juridictionnel de protection des droits de l'homme. A cause de l'opinion publique internationale, quelqu'un ne peut pas faire certaines choses. D'où la place des ONG, de la société civile qui peut dénoncer les violations des droits de l'homme »* [248]. La nécessité du respect des droits fondamentaux au Cameroun se situe dans un contexte général d'éveil des consciences, par rapport au respect qui est dû à la personne humaine, quelles que soient ses origines, sa condition sociale. Cette situation se justifie sans doute par l'influence exercée par les pouvoirs publics et la société civile camerounaise, ainsi que l'influence de la communauté internationale.

Section 1. L'influence des pouvoirs publics et de la société civile

Dans sa politique d'intégration internationale, le Cameroun a ratifié de nombreuses conventions internationales en matière de droits fondamentaux[249]. Mais, précisons comme nous le rappelle le rapport mondial sur le développement humain 2002, *« qu'un Etat peut avoir signé tous*

[248] Paul Gérard POUGOUE, « La problématique des droits de l'homme », *op. cit*, p. 205.

[249] Lire Martial JEUGUE DOUNGUE, Les juges camerounais et les conventions internationales relatives aux droits de l'homme, *op. cit*, p. 10.

les traités des droits humains ; mais sans une société civile ouverte, libre, cet Etat ne peut qu'être incapable d'honorer à ses engagements ».

Le Cameroun honore néanmoins à ses engagements, en constitutionnalisant les droits et libertés fondamentaux, en les prenant en compte dans le champ législatif et surtout, en créant des cadres de promotion et de protection desdits droits[250]. Cette action impulsée par l'Etat ne peut cependant garantir à elle seule la sécurité juridique des citoyens, d'où l'action de la société civile camerounaise, acteur indépendant jouant le rôle de contrepoids dans la consolidation de la culture des droits fondamentaux.

Paragraphe 1. La création des cadres de promotion et de protection des droits fondamentaux

L'action du gouvernement camerounais dans ce sens se décline à travers la création de la Commission Nationale des Droits de l'Homme et des Libertés et la mise en place des organes de régulation, de contrôle et de suivi de l'exercice des droits et libertés fondamentaux.

A. La Commission Nationale des Droits de l'Homme et des Libertés (CNDHL)

Un rappel du contexte de la création de la CNDHL est nécessaire pour mieux comprendre ses missions. La présentation de quelques unes de ses activités permettra sans doute de saisir la portée de son action.

250 Pour l'essentiel des développements, lire Cyrille APALA MOIFFO, L'émergence d'une culture des droits de l'homme au Cameroun, *op. cit*, p. 32-39.

1. Le contexte historique de création de la CNDHL

Dès la création de la Commission des droits de l'homme,[251] les Nations Unies recommandaient à tous les Etats d'instaurer des « *comités locaux* » chargés de diffuser les droits fondamentaux sur le plan interne. Par la suite, la nécessité de mieux encadrer ces droits sur un plan pratique a amené la communauté internationale à encourager les Etats à créer des institutions nationales pour la promotion et la protection des droits fondamentaux ou à les renforcer s'il en existe déjà.

Mais il faut attendre la fin des années 1980 et surtout la décennie 1990 pour voir se créer de part et d'autre, en Afrique subsaharienne, les premières institutions de cette nature[252], à un moment où la population réclamait plus de démocratie et de libertés. C'est dans ce contexte que le Cameroun voit la création par décret présidentiel en 1990[253], du Comité National des Droits de l'Homme et des Libertés. Cependant, de nombreuses carences et insuffisances ont amené le législateur à réformer cette institution en 2004[254], par le biais de la loi n° 2004/016 du 22 juillet 2004 portant création, organisation et fonctionnement de la Commission Nationale des Droits de l'Homme et des Libertés. On passe

---

[251] Aujourd'hui remplacé par le Conseil des droits de l'homme, crée le 15 mars 2006 par une Résolution de l'Assemblée générale des Nations Unies n° AG/10449, la Commission des droits de l'homme fut créée le 21 juin 1949 par la Résolution 9 (II) du Conseil économique et social des Nations Unies.

[252] Le Togo et le Bénin font partie des pionniers, car leurs Commissions des droits de l'homme ont été créées respectivement en 1987 et 1989.

[253] Décret n° 90/1459 du 08 novembre 1990, portant création du Comité National des Droits de l'Homme et des Libertés.

[254] La création du Comité par décret présidentiel s'est avérée non-conforme aux principes de Paris régissant le fonctionnement des institutions nationales de protection des droits fondamentaux.

ainsi du « *Comité* » à la « *Commission* » dont il importe de préciser les missions.

2. Les missions de la CNDHL

A la faveur de la loi de 2004, la CNDHL devient une institution indépendante de consultation, d'observation, d'évaluation, de dialogue, de concertation, de promotion et protection en matière de droits fondamentaux[255]. Il s'agit donc d'une entité dont *« le but fondamental est de servir de relais entre l'Etat, les pouvoirs publics et la société civile dans la gestion des droits de l'homme et plus particulièrement sous l'aspect promotion et protection de ces droits »*[256]. Cette conception de Hamid GRAHAM[257] est largement partagée par les dispositions de la loi évoquée ci-dessus.

En effet, aux termes de l'article 2, la CNDHL *« a pour mission la promotion et la protection des droits de l'homme et des libertés »*. A ce titre, elle reçoit toutes dénonciations portant sur les cas de violation y relatifs, diligente toutes les enquêtes et procède à toutes investigations nécessaires sur ces cas de violation, vulgarise par tous moyens, les instruments relatifs aux droits fondamentaux et aux libertés et veille au développement d'une culture des droits fondamentaux au sein du public.

Tel qu'il ressort des missions ainsi présentées, la CNDHL a un rôle central et ses activités concourent à l'enracinement des droits fondamentaux auprès des différents acteurs sociaux.

---

[255] Article 1, paragraphe 2 de la loi du 22 juillet 2004 portant création, organisation et fonctionnement de la CNDHL.

[256] Cité par Cyrille APALA MOIFFO, L'émergence d'une culture des droits de l'homme au Cameroun, *op. cit*, p. 33.

[257] HAMID GRAHAM est ancien fonctionnaire au Haut Commissariat des Nations Unies pour les droits de l'homme.

3. Les activités de la CNDHL

Afin de permettre un meilleur déploiement des activités de la CNDHL, un décret présidentiel a procédé à l'organisation interne de sa structure[258]. Mais il faut dire que bien avant cela, la CNDHL a mené de nombreuses activités sur le terrain de la promotion et de la protection des droits de l'homme dont les plus marquantes sont :

a. Les enquêtes et investigations conduites à la suite des plaintes relatives aux violations des droits fondamentaux

La CNDHL reçoit des requêtes émanant des individus (toutes catégories sociales confondues), des ONG, et même de certaines institutions étatiques[259] qui donnent lieu à des auditions, des investigations. Ces actions aboutissent à des résultats probants en terme de déclenchement d'actions judiciaires contre le mis en cause, de libération des personnes illégalement gardées à vue ou de paiement de compensation aux victimes ou à leurs familles.

La médiation de la CNDHL permet aussi de déboucher sur la conciliation des parties concernées par la violation, de faire des recommandations aux autorités habilitées à mettre fin à la violation[260].

---

[258] Le décret n° 2005/254 du 7 juillet 2005 dote la CNDHL d'un secrétariat permanent et de services internes.

[259] En 2002 par exemple, elle a été saisie de 186 requêtes dont les plus nombreuses portaient sur la violation des droits à un procès équitable, à la propriété, sur la grade à vue prolongée, le droit au travail, les abus d'autorité et de pouvoir, les tortures et traitements inhumains et dégradants, les arrestations et détentions arbitraires et abusives (Cf. Rapport d'activité 2002 de la CNDHL, p. 8-13).

[260] Le rapport 2010 de la CNDHL (p. 12) fait ressortir la difficulté de ses rapports avec les administrations lorsque ces dernières sont mises en cause dans des cas d'atteinte aux droits fondamentaux des personnes.

b. L'organisation des séminaires de formation à l'intention des groupes ciblés, dont l'activité a une influence directe sur les droits fondamentaux

- C'est ainsi que des responsables administratifs et ceux des forces de maintien de l'ordre ont bénéficié de formations dans diverses localités du pays, à Yaoundé, Bamenda, Buéa et Maroua[261].

- Des magistrats, avocats, notaires et huissiers ont reçu une formation de trois jours sur les droits de l'homme, organisée par la CNDHL, avec le concours financier du gouvernement des Etats-Unis.

- Du 08 au 11 mai 2006, la CNDHL a organisé à Yaoundé, avec le concours du Commonwealth, un séminaire sur le renforcement des capacités d'une trentaine de fonctionnaires de police et des personnes de l'administration pénitentiaire sur la protection des droits de l'homme et des libertés dans les pénitenciers et dans les commissariats de police.

c. L'action en faveur de l'introduction des enseignements sur les droits de l'homme dans les programmes scolaires

Cette action initiée en juin 2004 s'est poursuivie en février 2010 par l'organisation à Yaoundé, des ateliers de préparation des *« cahiers pédagogiques d'enseignement des droits de l'homme au Cameroun »*. Prévus pour être opérationnels dès la rentrée académique 2006-2007, ces cahiers ont été validés

---

Très peu répondent à ses correspondances ou à ses convocations, d'autres refusent de rencontrer les délégations qui se présentent à elles.

261 La CNDHL annonçait cet objectif dans son bilan quinquennal des activités 1992-1997. Les villes citées représentant les chefs lieux de quatre provinces sur les dix que compte le Cameroun.

lors d'un atelier qui s'est tenu en février 2006. Les programmes définis comprennent les grandes écoles ainsi que les corps d'armée.

d. Les visites des lieux de détention

Il s'agit de la visite des commissariats de police, des brigades de gendarmerie, et des établissements pénitentiaires. Cette action est décrite comme étant *« l'une des activités courantes »* de la CNDHL[262].

e. La publication de bulletins d'information[263] et de documents spécialisés.

f. La réalisation et l'animation des émissions radio diffusées

La CNDHL diffuse sur la CRTV, média audio-visuel gouvernemental, une émission radiophonique hebdomadaire intitulée *« Tribune des droits et libertés »,* dans laquelle elle fait passer des messages sur les situations quotidiennes qui occasionnent les atteintes aux droits des individus et sur la conduite à tenir dans de telles situations.

g. L'observation des élections

La nécessité d'être en conformité avec les instruments internationaux régissant les droits de l'homme a inspiré la création des organes de régulation, de contrôle et de leur suivi.

---

262 CNDHL, bilan quinquennal des activités, 1992-1997, p. 16.
263 La CNDHL publie une revue trimestrielle intitulée « *Born Free* ».

B. Les organes de régulation, de contrôle et de suivi de l'exercice des droits fondamentaux

Elle s'est opérée à travers la création du Comité technique de suivi des instruments internationaux en matière de droits de l'homme, l'institution du Programme National de Gouvernance et la création du Conseil National de la Communication.

1. Le Comité technique de suivi des instruments internationaux relatif aux droits fondamentaux

Créé par le décret n° 98/109 du 08 juin 1998, ce Comité a pour mission principale de suivre la jurisprudence des organes de contrôle des droits fondamentaux (Comité des droits de l'homme, Commission africaine des droits de l'homme et des peuples, Comité contre la torture, etc.) et de veiller à ce que le droit interne s'ajuste et se conforme aux instruments internationaux en la matière. Ce Comité n'a malheureusement pas encore été rendu opérationnel, ce qui n'est pas le cas du Programme National de Gouvernance.

2. Le Programme National de Gouvernance (PNG)

Annoncé par le président de la République en 1995[264], le PNG est mis en place par un arrêté du premier ministre du 11 août 1998, fixant le cadre institutionnel de son exécution. L'adoption en 1999 du document de stratégie globale de mise en œuvre de ce programme marque le début de ses activités[265] qui ont depuis lors contribué à :

---

264 Cette annonce intervenait à l'occasion du message à la nation du Président Paul BIYA, le 31 décembre 1995.

265 Sur les activités du PNG, voir Dieudonné OYONO et al, *Cameroun : les chantiers de la gouvernance*, Yaoundé : Imprimerie Saint Paul, 2004, 144 p.

- Déclencher la réforme administrative en vue de la mise en place d'une administration publique plus efficace et plus proche des usagers à travers la simplification des procédures.

- Consolider l'Etat de droit par l'initiative de profondes réformes judiciaires visant à mettre en place un environnement juridique et judiciaire qui garantit la sécurité des personnes, des biens et des investissements.

- Renforcer la participation des citoyens et de la société civile dans la gestion des affaires publiques, à travers l'amélioration du système électoral, la mise en place des structures de la décentralisation, la défense et la promotion des droits fondamentaux.

- Renforcer la transparence dans la gestion des affaires publiques en luttant contre la corruption[266].

La nécessité de réguler le secteur de la communication sociale a également été prise en compte avec la création du Conseil National de la Communication.

---

266 Il s'agit là d'un volet transversal qui implique tous les secteurs de l'appareil de l'Etat. Il se concrétise par l'élaboration et la mise en œuvre d'un plan d'action gouvernemental de lutte contre la corruption, la création au sein des administrations des structures de lutte contre ce fléau, l'application des sanctions pénales, administratives et disciplinaires contre les mis en cause, la création toute récente (Décret n° 2006/008 du 11 mars 2006) d'une Commission Nationale Anticorruption. Dès janvier 2006, la lutte contre la corruption a pris un tournant décisif avec l'application de la phase répressive. Ainsi, des magistrats convaincus de telles pratiques, ont été révoqués, trois directeurs généraux de sociétés à capitaux publics et un ministre en fonction ont été limogés, puis interpellés et mis à la disposition des autorités judiciaires. Le 23 mai 2006, 13 fonctionnaires du corps des douanes détenteurs de faux actes de gestion de carrière, ont été révoqués par des arrêtés du ministre de la fonction publique et de la réforme administrative. (Voir Cameroun tribune n° 8605/4804 du 24 mai 2006).

3. Le Conseil National de la Communication (CNC)

Le décret n° 91/287 du 21 juin 1991 porte création, organisation et fonctionnement du CNC. La création de cet organe de régulation du secteur de la communication se situe dans le cadre de la mise en application des dispositions de la loi de 1990, relative à la liberté de la communication sociale[267]. Le CNC est chargé de promouvoir les actes tendant à l'éducation, au respect des règles de déontologie dans ses domaines d'action.

En effet, avec la libéralisation du champ médiatique intervenue en 1990, il y a eu un véritable « *boom* » de la presse privée. Cette situation a occasionné de la part de certains organes de presse, de nombreuses dérives dues au non-respect de l'éthique et de la déontologie de la profession de journaliste et à la commission d'infractions de droit commun réprimées par le Code pénal[268]. L'importance du rôle du CNC dans la régulation, mais surtout l'encadrement des acteurs du secteur de la communication se trouvent ainsi justifiés.

Manifestation, l'ère de la condescendance vis-à-vis de tout discours relatif au respect des droits fondamentaux semble révolue, au regard de l'engagement perceptible des autorités en leur faveur à travers les discours et les actes concrets. C'est ainsi que la consécration normative des droits fondamentaux s'est opérée par le renforcement de leur base constitutionnelle, la rénovation des textes liberticides ainsi

---

[267] Cette loi fixe le cadre d'exercice de la liberté d'expression, de presse, qui est énoncée dans la Constitution. Elle remplace celle n° 66/LF/18 du 21 décembre 1966 sur la presse dont le caractère libéral était de plus en plus contesté eu égard à l'environnement sociopolitique qui l'avait inspiré.

[268] Les infractions les plus courantes de la presse sont entre autres, la diffamation, l'atteinte à l'honneur et à la considération des individus, la propagation de fausses nouvelles, les écrits et propos séditieux, l'atteinte aux mœurs.

que la mise en place d'institutions de consultation, de régulation, de contrôle et de suivi en matière des droits et libertés fondamentaux de la personne humaine[269].

Mais, malgré l'effort d'ajustement fait par les pouvoirs publics pour se conformer aux « *principes de Paris* »[270] qui constituent une plate forme normative à laquelle doivent se référer les Etats pour la mise en place des institutions nationales des droits de l'homme, de nombreuses carences subsistent[271] en ce qui concerne la réelle indépendance de la CNDHL. Par ailleurs, en tant qu'organe intervenant dans le secteur de la communication sociale, le CNC n'est pas à l'abri de cette influence des pouvoirs publics. Celle-ci se ressent au niveau de sa composition. Le CNC fonctionne également avec des ressources financières qui lui sont octroyées dans le cadre du budget de l'Etat.

Enfin, indépendamment de quelques avancées que l'on peut concéder à la création de l'Observatoire National des Elections (ONEL), la diversité des intervenants en matière électorale n'œuvrait pas pour un meilleur exercice de ce droit fondamental du citoyen. En conséquence, une réforme urgente de la loi qui l'institue s'avérait nécessaire, qui a abouti à la restructuration du système électoral dans son ensemble, avec la création d'*Election's Cameroon* (ELECAM)[272]. Ainsi, la nécessité de consolider les droits

---

269 Cyrille APALA MOIFFO, L'émergence d'une culture des droits de l'homme au Cameroun, *op. cit*, p. 40.

270 Adoptés en 1991 à Paris lors de la rencontre des institutions nationale des droits de l'homme, les « *principes de Paris* » ont été avalisés par l'Assemblée Générale des Nations Unies en 1992.

271 Création par une loi de 2004 qui abroge le décret de 1990 qui l'avait institué, représentation pluraliste des forces sociales, stabilité du mandat de garantie.

272 ELECAM a été créé par la loi N°2006/11 du 29 décembre 2006. Aux termes de l'article 4 alinéa 1 de cette loi, *Election's Cameroon* sera chargée « *de l'organisation, de la gestion et de la supervision du processus électoral et référendaire* ». A ce titre, cette institution sera chargée de l'organisation de toutes les élections municipale, législative, présidentielle, sénatoriale et

fondamentaux suppose également que les pouvoirs publics accordent une marge de manœuvre suffisante aux institutions nationales de ce secteur, à côté desquelles se trouve la société civile.

Paragraphe 2. La contribution de la société civile

Depuis 1990, à la faveur du vent de libéralisation, l'idée de société civile a pris corps sur la scène sociopolitique des pays africains. La dynamique libérale ainsi insufflée a vu intervenir aux côtés de l'Etat, de nouveaux acteurs dans le champ de la défense et de la promotion des droits des individus, désignés sous le terme générique de société civile.

Dans une étude que le professeur Maurice KAMTO consacre aux *« rapports Etat - société civile en Afrique »*, la société civile se définit *« comme la sphère sociale distincte de la sphère de l'Etat et des partis politiques, formée de l'ensemble des organisations et personnalités dont l'action concourt à l'émergence ou à l'affirmation d'une idée sociale collective, à la défense des droits de la personne humaine ainsi que des droits spécifiques attachées à la citoyenneté »*[273]. Dans le même sens, M. Larry DIAMOND, chargé de recherche à la Hoover institution, précise que : *« la société civile représente le champ d'une vie sociale organisée de façon volontaire, spontanée, financièrement indépendante (dans une large mesure), autonome face à l'Etat et unie par une structure juridique ou par un ensemble de règles communes. La société civile est également distincte et autonome par rapport au système politique et particulièrement au système des partis. En effet, si les réseaux de la société civile tombent sous la domination des partis politiques, leur champ d'activité se trouve*

---

référendaire. L'efficacité de ses missions sera évaluée à l'occasion des prochaines échéances électorales.

273 Maurice KAMTO, « Les rapports Etat-société civile en Afrique », *in RJPIC*, 48e année/n°3, octobre-décembre 1994, p. 285-291, p. 287.

dévié vers le domaine politique affectant de la sorte leur capacité à assumer des fonctions uniques de médiation et de démocratisation »[274].

Ces définitions montrent que la société civile rassemble les individus, organise leurs intérêts, formule des demandes sociales et les présente auprès de ceux qui ont les moyens et le droit de décider. Elles prennent également en compte un certain nombre d'aspects tels que le désir de vivre ensemble, le partage de certaines valeurs, la solidarité entre les membres de la société[275].

La prolifération des ONG dans ce domaine est prometteuse d'une mobilisation croissante dans le paysage social, économique et politique. Par leur fonction sociale reconnue, elles sont porteuses d'une nouvelle demande sociale et donc d'une idée de droit perfectible[276].

Comment la société civile contribue-t-elle à la promotion d'une culture des droits fondamentaux au Cameroun ? On distingue deux axes majeurs : les contributions socio catégorielles et sectorielles sur la problématique des droits fondamentaux.

A. Contributions socio-catégorielles

La nécessité de penser actuellement et de réaliser les droits fondamentaux au Cameroun, a mobilisé et continue

---

274 Lire Larry DIAMOND, « Société civile et démocratie », *in Bulletin n° 829, Afrique- Etats- Unis*, p. 6 et s.

275 Voir Jean Didier BOUKONGOU, « Rapport sur les ONG et la promotion des droits de l'homme dans la ville de Yaoundé », Etudes et documents de l'APDHAC, BOUKONGOU Jean Didier (dir.), Dynamiques citoyennes et dignité humaine en Afrique centrale, *Cahier africain des droits de l'homme n°8*, juin 2002, PUCAC, p. 159-197, p. 160.

276 Voir Saad ADOUM, Firmin MBALA, « La contribution de la « *société civile* » à la promotion des droits de l'homme en Afrique centrale : essai d'analyse », *in Dynamiques citoyennes et dignité humaine en Afrique centrale*, études et documents de l'APDHAC, *Cahier africain des droits de l'homme n°8*, Yaoundé : PUCAC, 2002, p. 223-261, p. 233.

de mobiliser un bon nombre d'énergies humaines. Certains pensent que seule l'action politique est à même de « *changer la société* » ; d'autres se placent sur le terrain de la production intellectuelle : pour ceux-là, une dénonciation constante des violations des droits fondamentaux est certes une action louable, mais il faut aussi construire des matériaux théoriques pour la rendre encore plus efficace ; d'autres encore, confortés par leurs convictions religieuses, recherchent dans les textes sacrés les fondements du respect des droits fondamentaux ; d'autres enfin, n'estiment concrètes que des actions de *« terrain »* à travers une militance active.

1. Les contributions de nature politique

Il existe un discours tenace qui présuppose la politisation de tout discours sur les droits fondamentaux en Afrique. En réalité, les droits fondamentaux en tant que tels, sont loin d'être vides de toute connotation politique au sens où l'entendait Aristote. La pratique qui consiste à vouloir replacer les défenseurs des droits sur leur terrain de prédilection chaque fois qu'ils énoncent une position politique, n'est donc rien d'autre qu'une malheureuse tentative de réduire leur marge de manœuvre[277].

Pour le professeur Jean Didier BOUKONGOU, « *il n'existe pas un champ politique pour les « politiciens» et un champ humanitaire (ou « droits de l'hommiste ») pour les défenseurs des droits de l'homme et les universitaires. Les deux camps proclament leur générosité à vouloir changer la même société, la même réalité, peut-être avec des outils et des discours différents* » [278]. Nonobstant ce malentendu, les contributions politiques sur la

---

[277] Voir Saad ADOUM, Firmin MBALA, *ibid*, p. 234.

[278] Suivant son observation pertinente contenue dans l'avant propos au Cahier africain des droits de l'homme *N°4*, juillet 2000, *Penser et réaliser les droits de l'homme en Afrique centrale*, Yaoundé, *PUCAC*, 2000.

problématique des droits fondamentaux au Cameroun sont légions : il faut d'abord mentionner la production des gouvernants, ralliés comme par effet de mode ou de contrainte à la thématique de la promotion de la dignité humaine. Ces points de vue politiques sont énoncés dans les textes fondamentaux de la plupart des partis politiques et deviennent des thèmes récurrents des discours de leurs leaders.

Conscients des exigences de la communauté internationale en matière de respect des droits civils et politiques, ceux-ci insistent dans leurs déclarations sur la façade « *institutionnelle* » des droits de l'homme (création de commissions le plus souvent inefficaces, d'instances judiciaires et politiques sans réel pouvoir) et remettent à plus tard les actions à entreprendre pour garantir les droits économiques et sociaux.

Les contributions politiques peuvent aussi prendre la forme d'actes à portée plus ou moins symbolique, destinés à démontrer aux yeux de l'opinion l'engagement en faveur des droits de l'homme. Une revue des publications, programmes et autres déclarations d'intention ne peut manquer de laisser perplexe le lecteur : autant les prises de position et l'engagement en faveur des droits de l'homme ne font aucun doute, autant leur mise en pratique fait cruellement défaut.

S'agissant des droits de l'homme confrontés à la souveraineté de l'Etat, les dirigeants insistent sur la nécessaire collaboration et la coordination entre l'Etat et les associations ou organismes défendant les droits de l'homme. L'Etat ne saurait arguer de sa souveraineté pour bafouer les droits de l'homme, mais l'urgence de ces derniers ne devrait pas en retour amener à méconnaître les normes étatiques[279].

Enfin, il est une erreur de penser que seul l'Etat viole les droits fondamentaux. Les citoyens ne sont pas exempts des comportements contraires au respect des droits

---

[279] Saad ADOUM, Firmin MBALA, *op. cit*, p. 237.

fondamentaux qui impulsent le mouvement intellectuel en faveur du respect de la dignité humaine.

2. Les contributions des intellectuels

Plus de dix ans après le déclenchement du processus de démocratisation, la littérature sur les questions relatives aux droits fondamentaux n'est pas ce qui fait défaut au Cameroun. En effet, on retrouve toute une floraison de publications qui se veulent l'apport des intellectuels camerounais à la problématique des droits humains. La plupart de ces contributions propose une lecture théorique de la situation et apportent des précisions sur les concepts manipulés par les différents discours sur les fondamentaux.

Dans cette optique, à propos de l'universalité et la relativité des droits de l'homme, les contributions intellectuelles visent à poser le débat sur les modèles régionaux des droits de l'homme en relevant leurs paradoxes et leurs contradictions.

Le professeur Paul Gérard POUGOUE s'est par exemple interrogé sur la *conception africaine des droits de l'homme* que la Charte africaine entendait vulgariser. En quoi cette Charte est-elle conforme à l'environnement politique et économique de l'Afrique ? Cette Charte ne constitue-t-elle pas une tentative d'enfermement des droits de l'homme dans un *« ghetto particulariste »* ? A ces questions, l'auteur apporte les réponses suivantes : s'il est vrai que sur le plan de la théorie générale, on sent une légère démarcation de la Charte africaine de la DUDH, tant le poids du peuple et des devoirs est lourd, il faudrait néanmoins relever que la contribution décisive de la Charte africaine réside dans la relation faite entre les droits de l'homme et le développement économique et social[280].

280 Voir Paul Gérard POUGOUE, « Lecture de la Charte africaine des droits de l'homme et des peuples », *in* MAUGENEST Dénis,

Par ailleurs, l'Etat camerounais se trouve confronté au problème crucial de la cohabitation des normes universelles des droits avec les cultures locales. A ce sujet, le professeur OLINGA s'est proposé pour sa part de répondre, en relevant *les défis contemporains à l'émergence d'une culture des droits de l'homme en Afrique centrale*. Ces défis sont de deux ordres : du côté des gouvernants, ils consistent à mettre fin à la pratique qui consiste à octroyer aux droits de l'homme « *une simple valeur instrumentale* » ; du côté des gouvernés, il s'agit de lutter contre l'ignorance, l'indifférence et le scepticisme qui contribuent à l'instauration « *d'une culture de servitude volontaire* »[281].

S'agissant des mécanismes juridiques garants des droits de l'homme au Cameroun, Félix ONONA ETOUNDI argue pour sa part : *« qu'en amont, le fonctionnement de la justice souffre de plusieurs maux : une indépendance de plus en plus fictive, des structures d'accueil vieilles et dépassées, une insuffisance criarde des personnels. En aval, l'accès aux tribunaux n'est pas facile, parce que la justice coûte chère. Elle engendre divers frais de procédure et honoraires qui ne sont pas à la portée de tous les citoyens. Dans le même temps, la procédure d'obtention de l'assistance judiciaire n'est pas connue de tout le monde et il existe de réelles difficultés d'exécution des décisions rendues, dues parfois à la volonté politique »*[282].

La proclamation des droits de l'homme et du droit au développement est aussi l'un des thèmes majeurs mobilisant la contribution des intellectuels.

Face à la tendance du gouvernement à prendre prétexte sur le sous-développement du pays pour retarder

---

POUGOUE Paul Gérard (dir.), *Droits de l'homme en Afrique centrale*, Yaoundé/Paris : PUCAC/Karthala, 1996, p. 31-45.

281 Voir Alain Didier OLINGA, « Les défis contemporains à l'émergence d'une culture des droits de l'homme », *in* MAUGENEST Dénis, BOUKONGOU Jean Didier (dir.), *Vers une société de droit en Afrique centrale (1999-2000)*, Yaoundé, PUCAC, 2001, p. 289-303.

282 Félix ONANA ETOUNDI, « Le respect du droit par les juridictions camerounaises », *op. cit*, p. 207-219.

l'avènement des droits de l'homme, Henri De DECKER note que : *« s'il est vrai qu'on peut comprendre que la situation économique peu favorable des Etats africains ne leur permet pas d'entreprendre toutes les actions prescrites en vue de garantir à leurs citoyens la jouissance des droits économiques et sociaux, l'on devrait cependant avoir à l'esprit que les droits civils et politiques pour leur part, n'exigent pas des actions de la part des pouvoirs, mais une simple omission. En effet, pour lutter contre l'arbitraire et l'impunité, pour respecter le Code électoral et le verdict des urnes, on n'a pas besoin d'être forcément un pays riche … »*. Et DE DECKER de conclure : *« le droit des peuples au développement n'est pas un droit au sens strictement juridique, mais une exigence éthique qui s'impose tant aux Etats qu'à la communauté internationale. Les pouvoirs publics sont responsables de la mise en place d'une politique de développement qui intègrent tous les aspects de l'épanouissement de la personne humaine en faveur de l'ensemble de la population ».*[283]

L'avènement du multipartisme et de la démocratie a été également favorablement accueilli par les religieux.

3. Les contributions des religieux

« La paix est chère à tous. Chacun y tient. Nous pouvons la construire et la conserver »[284], relèvent des évêques camerounais. Ils insistent sur l'importance de certaines valeurs. La paix est leur leitmotiv et considère l'avènement d'une nouvelle ère politique. Celle-ci dépend fortement des vertus du dialogue et de la concertation : *« il est absolument nécessaire que les différents acteurs de la vie nationale acceptent de s'asseoir pour discuter*

---

283 Lire Henri DE DECKER, « Droits de l'homme et droit au développement : concurrence ou complémentarité ? », *in* MAUGENEST Dénis, POUGOUE Paul Gérard (dir.), *Droits de l'homme en Afrique centrale*, Yaoundé/Paris : PUCAC/Karthala, 1996, p. 203-223.

284 L'Effort camerounais 38(980), 1991.

ensemble, comme fils et filles d'une même patrie, avec réalisme et sans durcissement aucun dans un cadre approprié ».[285]

Les évêques du Cameroun n'ont cessé de rappeler que le respect des droits fondamentaux et de la justice constituent une exigence fondamentale pour l'avènement d'un Etat de droit. L'Association des Conférences Episcopales de la Région Afrique Centrale (ACERAC) a mis sur pied des *« commissions justice et paix »* dans les six pays d'Afrique centrale. Ces commissions sont des instruments de promotion de la justice, de construction de la paix et de la réalisation du développement intégral des peuples par la défense de la dignité et des droits fondamentaux de la personne humaine.

Dans un document publié en 1996[286], les délégués de l'ACERAC écrivent : *« l'enseignement social de l'ACERAC est bâti sur des repères éthiques, c'est-à-dire des valeurs morales grâce auxquelles on peut aider la société à retrouver son équilibre (...), à dénoncer les faits et les situations qui avilissent ou appauvrissent l'homme (...). Ces repères indiquent les équilibres qu'on doit maintenir et promouvoir entre les différentes composantes de l'organisation politique, économique et civile ».*[287]

L'œuvre de l'islam au Cameroun en matière de droits de l'homme est moins visible, moins structuré, mais elle n'est pas absente. L'action par exemple des femmes musulmanes du Nord Cameroun se signale dans la lutte contre les mutilations sexuelles féminines.

La contribution des militants dans la problématique des droits de l'homme est assurément, celle qui est la plus visible parce que très médiatisée.

---

285 Semaine Africaine, 1867 (1990).

286 Commission Justice et Paix, *justice et paix en Afrique Centrale*, Yaoundé, *PUCAC*, 1996.

287 Les différentes confessions religieuses d'Afrique centrale ont aussi pris une part active lors des conférences nationales sensées être le cadre d'élaboration d'une nouvelle société. Lire en ce sens Saad ADOUM, Firmin MBALA, *op. cit*, p. 243.

4. Les contributions des militants des droits fondamentaux

Cette contribution oscille entre la démarche préventive à travers l'éducation aux droits fondamentaux et la dénonciation qui peut d'ailleurs revêtir une dimension prophylactique.

Les actions de la société civile en matière d'éducation aux droits fondamentaux participent d'une démarche préventive qui va du devoir de parole au devoir d'interpellation. Le devoir de parole s'inscrit dans la démarche préventive. Il s'agit des campagnes d'éducation aux droits de l'homme vulgarisées par les associations et ONG. Ces campagnes visent à familiariser les citoyens avec la notion de droits fondamentaux, à réfléchir sur la lutte contre leurs violations et les techniques d'intervention. Dans ce domaine, au vu du nombre sans cesse croissant des associations dites des droits de l'homme qui existent au Cameroun, on ne peut pas dire que le pays est en retard.

A cet égard, on peut citer par exemple le cas de l'APDHAC qui a organisé dans le cadre de ses activités, un programme de formation des officiers de police et de la gendarmerie. En marge de ses activités d'assistance juridique et légale aux personnes victimes des violations diverses, l'Association Camerounaise des Femmes Juristes (ACAFEJ) organise souvent des sessions de formation et d'information à l'intention des femmes.

Le devoir d'interpellation consiste à attirer l'attention des gouvernants et de la communauté internationale sur la situation des droits fondamentaux. La portée de cette action est décuplée par le tapage médiatique. A ce titre, la presse privée est un allié important des militants des droits de l'homme dans la lutte contre les violations[288].

---

[288] *Ibid*, p. 244.

Le devoir de dénonciation se manifeste à travers les rapports périodiques que publient ces militants. Il consiste pour les associations de défense des droits de l'homme à interpeller les gouvernants sur les violations graves commises par les agents publics (fonctionnaires, forces de police, gendarmerie …). Leurs actions dans ce sens s'exercent par le canal des revues ou bulletins et des rapports périodiques qu'ils publient. Ces rapports énumèrent les atteintes quotidiennes à leurs droits, subies par les citoyens et édictent des recommandations en vue d'empêcher leur renouvellement.

De façon générale, les militants des droits de l'homme utilisent les média privés comme alliés dans la stratégie de dénonciation des atteintes aux droits de l'homme. Ce fut le cas lorsque « *le commandement opérationnel* » a été mis en place à Douala[289] dans le cadre de la lutte contre la criminalité et le grand banditisme. En effet, à la suite de nombreux abus et dérives des forces de police et de gendarmerie sur des individus et face au silence des autorités, les militants des droits de l'homme[290]se sont fortement mobilisés pour décrier cette situation. Le gouvernement a ainsi été amené à sortir de son silence pour éclairer l'opinion, ordonner l'ouverture d'une enquête sur les faits allégués, sanctionner les personnes mises en cause[291] et mettre fin à ce « *régime spécial* » auquel était soumise la ville de Douala.

---

289 Capitale économique du Cameroun, chef lieu de la Province du Littoral.

290 Il s'agit entre autres de l'Action Chrétienne pour l'Abolition de la Torture (ACAT-Littoral), Amnesty International, Human Rights Watch, etc.

291 Les atteintes graves aux droits de l'homme dont il est question dans le cadre de l'action du commandement opérationnel à Douala ont été révélées dans l'affaire des neufs disparus du quartier Bépanda. Il s'agissait de jeunes gens arrêtés par les forces de l'ordre dans le cadre d'une enquête policière, dont on n'a plus eu de nouvelles depuis lors.

Au regard de ce qui précède, l'analyse des actions de la société civile à travers les ONG et associations de défense des droits de l'homme fait ressortir des indicateurs permettant d'entrevoir les avancées dans le domaine de l'imprégnation des camerounais à la culture des droits fondamentaux. En réalité, l'un des acquis importants que les militants des droits de l'homme ont contribué à mettre en place concerne le changement des mentalités.

Ainsi, certaines pratiques jusque là considérées comme normales ont été dénoncées et délégitimées. Le Président BIYA ne manque d'ailleurs pas de rappeler dans son discours à la nation du 31 décembre 1999 qu' : *« on doit se féliciter que la défense des droits de l'homme soit devenue une dimension essentielle de la société politique de notre temps. Aujourd'hui, personne ne peut rester indifférent devant leurs violations, où qu'elles se produisent, et ceux qui s'en rendent coupables s'engagent et s'exposent à devoir rendre des comptes »*[292].

L'émergence et la consolidation d'une culture de la dignité humaine au Cameroun ne sont pas acquises d'avance. Le chemin qui y mène est jonché de nombreux obstacles que seules les luttes internes relayées par les pressions internationales peuvent éliminer. Il s'agit des contributions sectorielles sur la problématique des droits fondamentaux.

B. Contributions sectorielles

Quelle est la contribution effective des acteurs de la société civile dans ce sens ? Dans les développements qui vont suivre, nous nous proposons d'évaluer qualitativement leurs actions dans le domaine de la contribution au renforcement du cadre normatif et institutionnel, et dans celui de l'amélioration des pratiques. Nous verrons enfin

---

292 Cité par Cyrille APALA MOIFFO, L'émergence d'une culture des droits de l'homme au Cameroun, *op. cit*, p. 49.

comment la société civile s'auto consolide par l'éducation, l'information et la vulgarisation.

1. La contribution au renforcement du cadre normatif et institutionnel

Il est manifeste que l'établissement d'un Etat de droit passe par la mise en place de normes qualitativement et quantitativement à même de garantir les droits fondamentaux. Quelle est la contribution de la société civile dans ce sens ? Ce qui nous parait notable, c'est le fait que l'essor des organisations de la société civile œuvrant à la base, c'est-à-dire à l'échelle locale, a eu des effets positifs sur l'extension des espaces d'affirmation de la démocratie.

En effet, ces organisations sont *« des lieux où, même si c'est souvent de manière imparfaite, se socialisent et se mettent en pratique les valeurs de participation, de solidarité, d'égalité, de pluralisme et de responsabilité qui sont au fondement de la démocratie ; des valeurs que leurs membres pourront et sans doute voudront appliquer aussi à une échelle plus vaste, y compris à l'échelle nationale »*.

Qu'il s'agisse pour la société civile d'interpeller l'acteur étatique, de lutter pour la défense générale des droits de l'homme ou d'intervenir pour conscientiser, organiser et fortifier les citoyens, son action est importante pour la démocratisation du régime politique et de la société dans son ensemble. Les organisations de la société civile s'occupent aussi de la diffusion, de la vulgarisation de ses droits à travers les conférences, tables rondes et surtout par des sessions de formation aux droits de l'homme.

Au Cameroun, la société civile s'attache aussi à la levée des différentes barrières qui s'opposent à l'exercice effectif des droits. L'exemple de l'ACAT précité montre que l'action de la société civile peut contribuer à réactiver les procédures internes en encourageant les victimes des exactions des représentants de l'Etat à porter plainte et à se porter partie civile. A travers cet exemple et bien d'autres, on se rend compte du rôle de plus en plus grand joué par les acteurs de la société civile dans la mise en place du cadre normatif et institutionnel au Cameroun.

Par les propositions concrètes pour la bonne marche des institutions qu'ils ne cessent de faire, par leur volonté d'être impliqués dans les instances de décision, les différents représentants de la société civile s'affirment comme des acteurs majeurs au Cameroun, même lorsqu'ils contribuent à l'amélioration des pratiques.

2. La contribution à l'amélioration des pratiques

L'une des principales missions de la société civile est *« d'amener les individus et les populations à formuler les problématiques de la vie quotidienne en termes de droits fondamentaux, en termes de créance que les uns et les autres ont sur les dispositifs sociaux en place ou à créer, précisément pour y répondre. Il s'agit là d'un important défi intellectuel et d'épistémologie des droits de l'homme. Comment, par exemple, faire comprendre au salarié de la fonction publique (...) que la titrisation de ses arriérés de salaire est une problématique des droits fondamentaux, que l'on peut s'appuyer sur des dispositifs normatifs précis, pour l'amener éventuellement à s'y opposer, parce qu'il pourrait y voir (...) une sorte de criminalité économique d'Etat »*[293].

On le voit, cette mission consiste à améliorer les pratiques qui constituent des obstacles au développement d'une culture des droits de l'homme au Cameroun. Ces obstacles sont aussi bien liés à la politique de l'Etat ou à l'inadéquation des techniques de promotion. C'est pourquoi, la contribution de la société civile à l'amélioration des pratiques repose sur une triple orientation à savoir :

---

293 Voir Alain Didier OLINGA « Les défis contemporains à l'émergence d'une culture des droits de l'homme », *op. cit*, p. 302.

contribuer à inculquer dans les mentalités le fait que les droits de l'homme ne sont pas une notion importée de l'occident ni un mimétisme de plus, associer les communautés de base à l'œuvre de promotion des droits de l'homme et adapter les techniques de diffusion à la mentalité et aux réalités populaires.

La société civile contribue aussi à l'amélioration des pratiques en impliquant les populations à l'exécution des projets. La création par la Commission Justice et Paix du Cameroun de comités locaux des droits et devoirs au niveau des paroisses en est un bon exemple. Ces comités sont chargés de mobiliser les populations dans l'action en faveur de la promotion des droits de l'homme en faisant des agents actifs plutôt que les destinataires passifs.

Concernant la diffusion des droits de l'homme, les acteurs de la société civile s'efforcent de cibler leurs actions vers les établissements d'enseignement, les agents chargés de l'application de la loi, les dirigeants politiques et les forces armées. Il ressort en outre des travaux du forum des organisations de la société civile ACP (Afrique Caraïbe Pacifique) qui s'est tenu à Douala du 7 au 11 novembre 1999, que pour maximiser l'impact de la promotion des droits de l'homme, les auteurs de la société civile réalisent leurs actions, à titre préférentiel et prioritaire, parmi les couches populaires, aussi bien en milieu urbain que rural. A cet effet, la plupart des ONG mettent à contribution les ressources de la culture orale africaine : folklore traditionnel, réunions populaires, émissions radiophoniques ou télévisées en langues nationales, manifestations sportives, théâtres, sketches consacrés au thème des droits de l'homme[294]. La société civile s'auto consolide par ailleurs par l'éducation, l'information et la vulgarisation.

---

[294] Saad ADOUM, Firmin MBALA, *op. cit*, p. 255.

3. L'auto-consolidation de la société civile par l'éducation, l'information et la vulgarisation

L'indentification des objectifs et des activités explorées montre que toutes les organisations de la société civile n'ont pas la même envergure ; les écarts au niveau des ressources humaines, matérielles et financières en témoignent. Certaines organisations peuvent mettre à leur actif un nombre assez considérable et varié d'actions dans un espace géographique plus ou moins étendu, tandis que d'autres sont réduites à des activités de faible portée, quoique importantes.

Ce dynamisme constitue une véritable chance pour la mise en place d'une culture des droits de l'homme. Autrement dit, le sort des droits de l'homme au Cameroun dépend dans une large mesure des activités des organisations chargées de les défendre. Cependant, la pluralité des associations peut être un atout mais aussi un facteur d'affaiblissement du rôle de la société civile. D'abord, toutes les associations ne sont pas des agents de la société civile. Certaines luttent pour des intérêts partisans, d'autres n'ont aucune structuration.

Ensuite, au Cameroun par exemple, l'Etat, profitant de la prolifération des associations et se situant dans sa logique du pouvoir, essaie de diviser les organisations crédibles afin de réduire leur capacité de mobilisation à la base. Les querelles de gestion, de leadership ou d'intérêt immédiat, contribuent dans ce sens, à décrédibiliser la société civile.

Il convient donc de s'interroger comme Maxime HAUBERT sur la nature de cette société civile qui doit se consolider : ses acteurs ne sont-ils pas extrêmement divers, souvent éphémères et divisés ? Ne faut-il pas faire une sélection pour éliminer les opportunistes ? [295] Compte tenu

---

295 Voir Maxime HAUBERT, Philippe REY, (dir.), *Les sociétés civiles face au marché. Le changement social dans le monde post-colonial*, Paris : Karthala, 2000, 300 p, p. 43.

de ces interrogations, l'auto-consolidation de la société requiert absolument un renforcement de la capacité et du pouvoir économique des organisations de la société civile afin de les rendre autonome tant de l'Etat que de leurs membres.

Une telle entreprise implique d'une part, des mesures législatives et réglementaires : une plus grande clarté dans le statut des organisations ainsi que leurs objectifs, contrôle de leur fonctionnement interne, dispositions fiscales et financières ; d'autre part, des mesures visant à améliorer leur viabilité dans le domaine de la gestion, de la comptabilité, de la mise en œuvre et de l'évaluation des actions.

Dans une stratégie de lutte pour l'émergence et la consolidation d'une culture des droits de l'homme au Cameroun, l'auto consolidation de la société civile passe enfin par l'émergence de nouveaux cadres. On ne peut parler en effet, de société civile si celle-ci n'a pas conscience de sa propre existence et de la contribution qui lui est exigée dans la construction du vivre ensemble. L'Etat de droit survient d'abord lorsque l'ensemble du corps social s'est constitué et que sa conscience s'est mise en marche et ensuite lorsque les diverses forces de la société établissent avec l'Etat, acteur principal, des relations à la fois de partenariat et de contrôle démocratique[296].

Pour arriver à des résultats efficients, la formation à certaines techniques, notamment le plaidoyer est nécessaire. En effet, le rôle de la société civile, loin de se substituer à celui de l'Etat, est de compléter l'action du gouvernement, de mieux l'orienter. Le plaidoyer nous apparaît comme une arme efficace qui permet également aux ONG de former des alliances et de mobiliser les fonds nécessaires à leurs actions. Les actions menées ne doivent plus n'être que ponctuelles. Le combat pour l'émergence et la consolidation d'une culture des droits de l'homme au Cameroun est un combat

---

296 Saad ADOUM, Firmin MBALA, *op. cit*, *ibid.*

permanent et qui appelle une mobilisation constante[297], y compris celle de la communauté internationale.

Section 2. L'influence de la société internationale

Les réponses données par la communauté internationale des Etats dans son ensemble aux violations des droits fondamentaux ont considérablement évolué ces dernières années et ont amené les Etats, les organisations et conférences intergouvernementales à utiliser des moyens nouveaux visant à faire rétablir et respecter les droits fondamentaux.

Débattre de l'influence de la communauté internationale dans l'édification de l'Etat de droit au Cameroun, revient à analyser les principes qui, en droit international et en politique internationale, fondent et légitiment l'action de la communauté des Etats face à et/ou contre la souveraineté, l'indépendance, l'égalité, la non-ingérence dans les affaires intérieures des Etats. Ces quatre principes sont consacrés en droit international comme étant des attributs constitutifs et distinctifs de chaque Etat. Si en droit international classique, ils ont longtemps incarné la configuration juridique, la contenance politique et la ligne de démarcation extérieure de l'Etat face à d'autres Etats, ces principes aujourd'hui sont paradoxalement l'objet d'une limitation juridique et politique.

---

297 Il est également à noter que les recours non contentieux peuvent être considérés comme moyen de protection non-juridictionnelle des libertés et droits fondamentaux, car ils se déroulent en dehors du Juge. Il s'agit du recours gracieux préalable, du recours hiérarchique et du recours gracieux simple. Ces différents recours protègent les droits et libertés fondamentaux des citoyens en ce sens que le titulaire d'un droit ou d'une liberté peut saisir les autorités administratives par le biais de l'un de ces trois recours pour défendre son droit ou sa liberté violée par lesdites autorités administratives.

Ils imposent ainsi un nouveau fondement juridique et politique à l'influence de la communauté internationale dans la protection des droits fondamentaux. Celui-ci fait ressortir clairement et évalue en même temps les conditions et les formes que revêt cette influence pour soutenir l'émergence et l'enracinement de l'Etat de droit au Cameroun.

Paragraphe 1. Fondements juridiques et politiques

Les droits et les libertés fondamentaux consacrés par le droit international des droits de l'homme sont aujourd'hui garantis en droit positif comme des droits de défense de l'individu, imposant à l'Etat, l'obligation de ne pas en empêcher la jouissance.

Il devient dès lors aisé de valider, légitimer et justifier en théorie comme en pratique, la protection des droits de l'homme comme relevant du devoir et du droit d'ingérence de la communauté internationale. Celle-ci est alors habilitée à constater et à s'assurer que les normes internationales applicables aux droits de l'homme sont prises en compte et appliquées dans l'ordre juridique et politique interne des Etats. Ce postulat induit, au plan normatif, une approche nouvelle du droit international[298].

En effet, si en droit international classique, l'Etat souverain prenait l'initiative de la codification des normes du droit international, conformément à ses intérêts, le droit international des droits de l'homme ayant pour support organique la communauté internationale, délimite aujourd'hui en faveur de l'individu la sphère et l'étendue de la souveraineté étatique, fixe et réglemente les conditions d'usage de la force publique. Bien plus, elle ordonne, contrôle et sanctionne les violations des droits des individus.

---

[298] Voir Gérard COHEN JONATHAN, « Les droits de l'homme, une valeur internationalisée », *Revue électronique droits fondamentaux n°1*, Juillet-Décembre 2001, p. 159-166, p. 160.

Ceci signifie que la pratique de la réserve en droit international des traités ne peut plus être évoquée : *« le droit international impose désormais aux Etats l'obligation de respecter les droits de leurs citoyens »*[299]. Et ce n'est sans doute pas à tort si certains observateurs y voient un tournant décisif dans la protection internationale des droits de l'homme.

La protection de l'individu est ainsi devenue un devoir de la communauté internationale, dont les obligations juridiques et le caractère contraignant s'imposent à l'Etat. L'individu a acquis en droit international un statut certes limité, mais reconnu et garanti par la communauté internationale. L'influence de la communauté internationale valide et légitime donc l'internationalisation de la protection des droits de l'individu, fonde et justifie l'adoption et l'imposition en politique internationale (politique d'aide au développement, aide à la démocratie) des conditionnalités comme moyens de contrainte employés par la communauté internationale pour faire respecter les droits de l'homme, sans pour autant exclure les devoirs de l'individu[300].

Il faut donc maintenant aller plus avant dans l'analyse, pour démontrer l'organisation des conditionnalités liées à l'érection de l'Etat de droit et de leur application au Cameroun.

Paragraphe 2. Les formes d'influence

Elles sont le fait d'institutions financières et de la coopération, relayées par l'Organisation Internationale de la Francophonie (OIF) et le *Commonwealth* dont fait partie le Cameroun.

---

299 *Ibid*, p. 159.

300 Lire Jean Louis ATANGANA AMOUGOU, « Conditionnalité juridique des aides et respect des droits fondamentaux », *op. cit*, p. 1-13.

A. Des institutions financières et de la coopération

Les institutions financières internationales et de la coopération, notamment l'Union Européenne, le FMI et la Banque Mondiale œuvrent pour l'instauration de l'Etat de droit et la démocratie au Cameroun.

1. L'Union Européenne (UE)

L'UE est pionnière en ce domaine. En effet, les Etats de la Communauté Economique Européenne élaborent et adoptent en octobre 1991, un document politique et diplomatique posant clairement le principe selon lequel « *l'octroi de l'aide au développement en faveur des pays en voie de développement sera désormais subordonné au respect et à la protection des droits de l'homme* ». Pour y parvenir, une grille des conditions est établie. Elle définit les conditions préalables (ex ante) que le bénéficiaire de l'aide doit remplir pour recevoir le soutien escompté. Cette forme, la plus rigoureuse, est prise par les Etats membres de l'Union dans leur coopération bilatérale avec les Etats en développement[301].

Face aux mouvements de contestation qui secouent la plupart des Etats africains, surtout francophones, au début des années 1990, les pays européens vont effectivement suspendre leur aide au Cameroun. Dans certains cas, ce sont les institutions de la société civile et les leaders d'opinion qui vont réclamer systématiquement de telles suspensions.

A l'opposé, les conditions consécutives (es post) ne sont mises en œuvre qu'après évaluation des objectifs politiques liées au respect, à la garantie et à la promotion des droits et libertés fondamentaux. La satisfaction de ces

---

[301] Voir Apollinaire TITE AMOUGUI, « Influence de la société internationale dans la promotion et la protection des droits de l'homme », *Vers une société de droit en Afrique centrale (1999-2000)*, Yaoundé : PUCAC, 2001, p. 327-332, p. 330.

objectifs donne lieu au moins à la reconduction du volume de l'aide préalablement accordée. Dans le cas contraire, les sanctions sont échelonnées, allant de la diminution du montant de l'aide à sa suppression pure et simple, même par le FMI et la Banque Mondiale.

2. Le Fonds Monétaire International (FMI) et la Banque Mondiale (BM)

Emboîtant le pas à l'UE, la conditionnalité liée au respect des droits fondamentaux et à la bonne gouvernance devient aussi le critère d'octroi du FMI et de la BM, auxquels n'échappera pas le Cameroun. C'est la grande rigueur micro et macro-économique des fameux programmes d'ajustement structurel (PAS). L'effet de l'ensemble de ces conditionnalités s'avère en pratique limitée, et semble ne pas répondre aux conditions efficientes pour l'émergence et l'enracinement de l'Etat de droit.

Aussi, le mouvement constitutionnel engagé sous la pression des pays occidentaux et des institutions financières internationales pose-t-il le problème des conditions d'inculturation de la promotion des droits et libertés fondamentales. Comment évaluer cette rénovation constitutionnelle, considérée comme paramètre de l'Etat de droit ?

L'adoption d'une nouvelle Constitution, affirmant son attachement aux valeurs universelles des droits de l'homme telles que définies par les instruments internationaux[302] voit le jour au Cameroun. L'aspect normatif le plus original réside sans doute dans le fait qu'elle définit (dans son préambule en occurrence) un catalogue exhaustif des droits et libertés fondamentaux de l'individu. Ce qui leur confère le statut juridique de droits constitutionnels, lesquels relevaient

302 Charte de l'ONU, DUDH, Pactes des Nations Unies de 1966, Charte Africaine des Droits de l'Homme et des Peuples.

jusqu'alors de lois ordinaires. Cette Constitution consacre aussi explicitement la constitutionnalité des lois, la conformité des institutions et de leur fonctionnement à la Constitution, la séparation démocratique des pouvoirs, la réhabilitation des autorités traditionnelles des droits coutumiers. Elle renforce de même la force coercitive de la loi et la pénalisation des transgressions de la loi.

En résumé, le renouveau constitutionnel, dont l'initiative est parfois le fait de la société civile réaffirme et entérine dans le domaine des droits fondamentaux la force de la loi, la garantie de la loi et la sûreté en faveur de l'individu. Dans les cas de violations massives et flagrantes de ceux-ci, la communauté internationale a essayé avec succès d'institutionnaliser et de sanctionner la responsabilité de l'Etat et celle des individus en agissant en son nom.

Certes, le débat sur la sanction pénale des délits commis par les Etats ou ses représentants est loin d'être clos. Ce qui, sur le plan pénal, réduit quelque peu l'influence de la communauté internationale, cadre dans lequel les ONG de défense des droits de l'homme telles que Amnesty International, Human Rights Watch etc., jouent un rôle prépondérant[303].

Ce mouvement en faveur du respect des droits fondamentaux est également impulsé dans le cadre de l'Organisation Internationale de la Francophonie et du *Commonwealth*[304].

---

303 Lire Apollinaire TITE AMOUGUI, « Influence de la société internationale dans la promotion et la protection des droits de l'homme », *op. cit*, p. 332.

304 Association d'anciennes possessions de l'empire britannique devenues des Etats indépendants et ayant établi entre elles une certaine solidarité.

B. De l'OIF et du *Commonwealth*

Le Cameroun est membre de ces deux organisations depuis respectivement 1991 pour la francophonie[305], et 1995 pour le *Commonwealth*. Cette double appartenance est le fait de l'héritage colonial[306].

Les Etats regroupés au sein des organisations telles que l'OIF et le *Commonwealth*, sous l'impulsion respective de la France et de la Grande Bretagne, font du respect des droits et libertés de la personne, une préoccupation de leurs textes fondateurs. C'est ainsi que la Charte de la Francophonie consacre comme objectifs prioritaires, l'aide à l'instauration et au développement de la démocratie, la prévention des conflits et le soutien à l'Etat de droit et aux droits fondamentaux.

A l'occasion de plusieurs sommets de la Francophonie, les chefs d'Etat et de gouvernement n'ont pas manqué de réaffirmer leur attachement aux idéaux des droits de l'homme en précisant que : « *Francophonie et droits de l'homme sont indissociables* », « *qu'il n'existe pas de développement sans liberté, ni de liberté » durable sans développement véritable »*[307].

Des actions en vue d'accompagner les pays membres dans la mise en place d'un cadre juridique propice à l'éclosion et au développement de la démocratie et l'Etat de droit, ont suivi la tenue des différents sommets de la Francophonie et du *Commonwealth*. Il s'agit, en ce qui

---

305 Communauté des Etats ayant le français en partage.

306 Après la première guerre mondiale, le Cameroun qui était jusque là sous protectorat Allemand (1884 – 1916) a été placé par la SDN sous mandat franco-britannique, avant de passer en 1946, sous l'impulsion de l'ONU, sous le régime de la tutelle internationale confiée à la France et à l'Angleterre. Le Cameroun oriental était ainsi dévolu à la France, tandis que le Cameroun occidental restait sous administration britannique.

307 Sommets de Dakar (1989), Chaillot (1991), Maurice (1993), Cotonou (1995).

concerne l'OIF, de la tenue des réunions thématiques[308] et des conférences[309], mais surtout du symposium international sur le *bilan des pratiques de la démocratie, des droits et des liberté dans l'espace francophone* en novembre 2000 à Bamako au Mali. Ce symposium qui s'est achevé sur une déclaration dite « *Déclaration de Bamako* », était l'occasion pour les ministres et chefs de délégation des Etats et gouvernements membres, de proclamer que « *la démocratie pour les citoyens se juge avant tout à l'aune du respect scrupuleux et de la pleine jouissance de leurs droits … assortis des mécanismes de garantie* ».

Les Etats membres du « *Commonwealth* » pour leur part réaffirment leur engagement pour la cause des droits de l'homme lors de leur rencontre de Harare (Zimbabwe) dans une déclaration qui a sanctionné la rencontre de leurs chefs d'Etats et de gouvernement (déclaration de Harare du 20 octobre 1991).

En marge de l'influence qu'exercent ces deux organisations, le Cameroun bénéficie de l'apport de leurs experts dans le cadre de la mise en place et du suivi du processus démocratique.

L'action de la société internationale en faveur de la promotion et de la protection des droits fondamentaux, à travers l'instauration de l'Etat de droit et l'adhésion aux principes démocratiques au Cameroun peut être évaluée comme globalement positif.

Non seulement les cas concrets relevés démontrent que les droits de l'homme ne sont plus de la compétence arbitraire, discrétionnaire et exclusive de l'Etat, mais ils

308 Réunions thématiques de N'Djamena (Tchad) sur les institutions de la démocratie et de l'Etat de droit, puis celle de Paris sur les élections en mars et avril 2000.

309 Colloque de Yaoundé (Cameroun) sur la démocratie et les sociétés plurielles, organisé conjointement avec le « *Commonwealth* » ; conférence de Cotonou (Bénin) sur le bilan des conférences nationales et autres processus de transition démocratique en Afrique, en janvier et février 2000.

confirment résolument l'établissement d'une hiérarchie et d'une suprématie de la norme de droit international sur le droit interne. Seulement, le résultat de l'influence de la communauté internationale reste aujourd'hui limité. La condition pour l'injection d'une impulsion nouvelle est liée au rôle que les multiplicateurs et relais sociopolitiques endogènes vont s'engager en permanence à jouer[310].

L'éveil constitutionnel, judiciaire et politique de la classe politique et de la société civile, comme expression dynamique du *« politique par le bas »*[311], sont à notre avis, la condition permanente et nécessaire pour une inculturation profonde et féconde de la garantie des droits fondamentaux au Cameroun.

---

310 Voir Apollinaire TITE AMOUGUI, « Influence de la société internationale dans la promotion et la protection des droits de l'homme », *op. cit*, p. 331.

311 *Ibid*, p. 332.

CONCLUSION

« Je ne reconnais ici qu'une origine de l'avenir : la liberté, celle des hommes, celle de Dieu qui porte la liberté des hommes. La liberté des hommes, je veux dire leur pouvoir de se décider, collectivement sans doute, par les médiations que l'organisation sociale permet (Etat, entreprises, associations, etc.) mais, en fin de compte, leur pouvoir de se décider personnellement, dans le cœur de chacun ».

Cardinal Jean MARIE LUSTIGER[312].

Au regard de tout ce qui précède, peut-on espérer ?

La réponse positive ne semble pas faire de doute. Source du mal, étant à l'origine de la recrudescence des violations graves et massives des droits fondamentaux au Cameroun, la démocratie en constitue également le remède. Progressivement consolidée grâce à la sécrétion d'une culture qui est sienne, elle contribuera assurément à l'instauration d'un Etat de droit, condition indispensable à la protection des droits fondamentaux.

Sans avoir eu la prétention d'épuiser tous les aspects du sujet abordé, les lignes qui suivent nous ont permis de constater que le chemin qui reste à parcourir dans la garantie des droits fondamentaux au Cameroun est parsemé d'embûches.

Tel qu'il ressort de l'article 67 de la Constitution du 18 janvier 1996, il sera incompréhensible de la part de l'Etat camerounais de créer un véritable Conseil constitutionnel chargé de statuer sur les atteintes portées aux droits fondamentaux sans lui accorder les moyens financiers, humains et logistiques nécessaires à l'accomplissement de sa

312 Jean Marie LUSTIGER, « L'avenir n'appartient à personne mais il est donné aux justes », *op. cit*, p. 544.

mission. A défaut d'un ordre constitutionnel qui peut efficacement garantir les droits fondamentaux, le recours aux juges ordinaires devient inévitable, à la condition que la performance de cette justice ne souffre d'aucune ambiguïté.

S'aviser donc de réfléchir sur la garantie des droits fondamentaux au Cameroun, a été pour nous un acte de survie. Une telle réflexion est loin d'être facultative. Elle procède de ce que les multiples atteintes aux droits fondamentaux permettent de considérer que l'adoption de lois ou de Constitutions n'a jamais constitué une panacée. L'inflation des textes n'a pas permis d'atténuer la crise de crédit du droit et de la justice. L'inefficacité des garanties politiques et sociales des droits fondamentaux n'a pas manqué par la gravité de la situation à susciter la réflexion sur l'urgence qu'il y a pour une refondation de l'Etat. Certes la démocratie est en marche, mais le besoin d'agir doit être clair et ce besoin doit s'accompagner de la volonté d'agir dans les sanctuaires d'une culture démocratique, d'un progrès du développement et l'expression des libertés humaines au monde.

Avec l'adoption le 27 Juillet 2005 de la loi n° 2005/007 portant Code de procédure pénale, le Cameroun engage une phase importante de la modernisation et de la mise à niveau de sa législation par rapport aux normes internationales de protection des droits et de la dignité humaine. Ce nouveau Code qui constitue une véritable révolution dans le cadre juridique et surtout dans l'administration de la justice au Cameroun, vient reformer et harmoniser les règles de procédure sur l'ensemble du territoire. Malgré ces progrès, des problèmes restent à résoudre.

L'avenir des droits fondamentaux au Cameroun dépend de nous. Nous devons tous agir lorsque les droits fondamentaux sont violés. Tant l'Etat que les individus doivent assumer leurs responsabilités aux fins de la réalisation et de la protection efficace des droits fondamentaux. La mise en place d'institutions démocratiques n'est donc pas une fin en soi. Elle doit répondre au besoin individuel et collectif d'atteindre des idéaux qui transcendent les différences de vue, de sensibilités et qui sont propres à créer une dynamique d'adhésion des populations dans leur ensemble. Vue sous cet angle, la démocratie ne saurait se réduire à des règles : constitution, suffrage universel, pluralisme et séparation des pouvoirs. Une démocratie est une construction à travers une histoire, une conscience, une pratique et une culture.

Nous devons puiser dans notre culture des éléments susceptibles de renforcer la démocratie en impliquant les confessions religieuses, les chefferies traditionnelles et le mouvement associatif. Par ailleurs, la conviction est désormais largement établie que l'avenir du Cameroun et des pays africains en général, dépendra, pour une grande part, de la généralisation de l'éducation. L'éducation est la clé de toute évolution, car ne dit-on pas que : « *éduquer, c'est bâtir le futur* ».

Enfin, nous pensons qu'en réalité, l'Etat de droit n'est pas une fin en soi, pas plus d'ailleurs que la démocratie. L'avenir des droits fondamentaux au Cameroun réside donc *« dans la transpiration sociale du droit. Les droits fondamentaux resteront des enseignes décoratives tant que les populations ne s'en approprieront pas l'esprit et ne les intégreront pas dans les pratiques quotidiennes »*[313].

---

313 Voir Jean Didier BOUKONGOU, « Conclusion au colloque de Yaoundé du 14-16 novembre 2000 », *in* MAUGENEST Dénis, BOUKONGOU Jean Didier (dir.), *Vers une société de droit en Afrique centrale*, Yaoundé : PUCAC, 2001, 455 p.

BIBLIOGRAPHIE

I. OUVRAGES

A. Ouvrages généraux

- BECET (J.M), COLARD (D), *Les droits de l'homme, dimensions nationales et internationales*, Paris : Economica, 1982, 301 p.
- BIYA (P), *Pour le libéralisme communautaire*, Paris : éd. Favre, 1986, 86 p.
- BURDEAU (G), *Les libertés publiques*, 4e éd, Paris : LGDJ, 1972, 457 p.
- CANABIS (A), MARTIN (L), *Les constitutions d'Afrique francophone. Evolutions récentes*, Karthala : Paris, 1999, 300 p.
- CHANTEBOUT (B), *Droit constitutionnel et sciences politiques*, 10e éd, Paris : Armand Colin, 1991, 624 p.
- CHEVALLIER (J), *L'Etat de droit*, Paris : Montchrestien, 1999, 160 p.
- DUHAMEL (O), MENY (Y), *Dictionnaire constitutionnel*, Paris : PUF, 1992, 1120 p.
- ETEKI OTABELA (M.L), *Le totalitarisme des Etats africains : le cas du Cameroun*, Paris : l'Harmattan, 2001, 564 p.
- HAUBERT (M), Philippe REY (dir.), *Les sociétés civiles face au marché. Le changement social dans le monde post-colonial*, Paris : Karthala, 2000, 300 p.
- KAMTO (M), *Pouvoir et droit en Afrique noire : Essai sur les fondements du Constitutionnalisme dans les Etats d'Afrique Noire Francophone*, Paris : LGDJ, 1987, 545 p.
- LAVROFF (D.G), PEISER (G), *Les constitutions africaines*, t. 1, Paris : A. Pédone, 1961, 279 p.
- LUCHAIRE (F), *Le Conseil constitutionnel*, Paris : Economica, 1980, 435 p.
- M'BAYE (K), *Les droits de l'homme en Afrique*, Paris : Pédone, 1993, 312 p.

- MADIOT Yves, *Droits de l'homme*, 2e éd, Paris : Masson, 1991.
- MINKOA SHE (A), *Droits de l'homme et droit pénal au Cameroun*, Paris : Economica, coll. « *La vie du droit en Afrique* », 1999, 311 p.
- MORANGE (J), *Droits de l'homme et libertés publiques*, 5e éd, Paris : PUF, 1991, 464 p.
- NACH MBACK (C), *Démocratisation et décentralisation*, Paris : Karthala, 2003, 357 p.
- NLEP (R.G), *L'administration publique camerounaise : Contribution à l'étude des systèmes africains d'administration publique*, Paris : LGDJ, 1986, 406 p.
- OWONA (J), *Droit administratif spécial de la République du Cameroun*, série Manuels et Travaux de l'Université de Yaoundé I, Paris : Edicef, 1985, 256 p.
- POULANTZAS (N), *L'Etat, le pouvoir, le socialisme*, 2e éd, Paris : PUF, 1981, 259 p.
- QUERMONE (J-L), *Les régimes politiques occidentaux*, Paris : Seuil politique, 1986, 316 p.
- REY-DEBOVE (J), REY (A) (dir.), *Le Petit Robert, Dictionnaire de la Langue Française*, Paris : Dictionnaire Le Robert, 2003, 2556 p.
- RIVERO (J), WALINE (J), *Droit administratif*, 15e éd, Programme Plus, Paris : Dalloz, 1984, 646 p.
- ROBERT (J), DUFFAR (J), *Droits de l'homme et libertés fondamentales*, 5e éd, Paris : Montchrestien, 1993, 808 p.
- SOW SIBIDE (A), *Le pluralisme juridique en Afrique - L'exemple du droit successoral sénégalais*, Paris : LGDJ, 1991, 469 p.
- TROPER (M), *Théorie et pratique du gouvernement constitutionnel : la France et les Etats-Unis*, Paris : Montchrestien, 1992, 160 p.

B. Ouvrages spécialisés

- *Cahier Africain des droits de l'homme n°4, Penser et réaliser les droits de l'homme en Afrique centrale*, Yaoundé : Presses de l'UCAC, 2000, 261 p.
- *Cahier Africain des droits de l'homme n°8, Dynamiques citoyennes et dignité humaine en Afrique centrale*, Yaoundé : Presses de l'UCAC, 2002, 266 p.
- CESAIRE, *La tragédie du Roi Christophe*, Paris : Imprimerie de France, 1970, p. 153 et s.
- COLAS (D) (dir.), *L'Etat de droit*, Paris : PUF, 1987, 38 p.
- CONAC (G) (dir.), *L'Etat de droit, Mélanges en l'honneur de Guy BRAIBANT*, Paris : Dalloz, 1996, 820 p.
- CONAC (G) (dir.), *Les Cours suprêmes en Afrique*, t. 2, Paris : Economica, 1989, 365 p.
- CONAC (G), (dir.), *Dynamiques et finalités des droits africains*, Paris : Economica, 1980, 509 p.
- DARBON (D), GAUDUSSON (J), *La création du droit en Afrique*, Paris : Karthala, 1997, 475 p.
- EISENMANN (C), *Cours de droit administratif*, in Les cours de droit, Paris : L.G.D.J, 1969, 150 p.
- GUILLIEN (R), VINCENT (J) (dir), *Lexique des termes juridiques*, 13e éd., Paris : Dalloz, 2001, 592 p.
- HAMON (F), WIENER (C), *Droit constitutionnel et institutions politiques*, document d'étude N°1, 15e éd, 1991.
- HEIDHUES (F), KNERR (B), *Food and agricultural policies under structural adjustment*, Peterlang, Frankfurt, New York, Paris, 1994.
- HIBOU (B), *L'Etat en voie de privatisation. La décharge*, Politique Africaine n° 73, mars 1999, 12 p.
- LE ROY (E), *Oser le pluralisme judiciaire, Rapport introductif à la Conférence des ministres francophones de la justice*, dact, Le Caire, 1995, 28 p.
- MAUGENEST (D), BOUKONGOU (J.D), *Vers une société de droit en Afrique centrale*, Yaoundé, Presses de l'UCAC,

2001, 455p.
- MELONE (S), MINKOA SHE (A), SINDJOUN (L), *La reforme constitutionnelle du 18 janvier 1996 au Cameroun : Aspects juridiques et politiques*, Yaoundé : Fondation Friedrich Ebert, 1996, 418 p.
- MEYER-BISCH (dir.), *Le noyau intangible des droits de l'homme*, Fribourg, 1991, 272 p.
- MOURGEON (J), *Les droits de l'homme*, coll. « que sais-je ? », PUF : Paris, 1990, 127 p.
- RIDEAU (J), (dir.), *Le droit au juge dans l'Union Européenne*, Paris : LGDJ, 229 p.
- TRAN VAN (M), *L'Etat moderne, horizon 2000 : aspects internes et externes*, Mélanges offerts à Pierre François GONIDEC, Paris : LGDJ, 1985, 734 p.
- WILLIBIRO-SAKO (J) (dir.), *Le rôle de la justice dans le développement de la RCA*, Travaux et actes du séminaire de Bangui des 16-21 septembre 1991.

II. THESE ET MEMOIRES

- APALA MOIFFO (C), L'émergence d'une culture des droits de l'homme au Cameroun, Mémoire de Master 2 en Droit international et européen des droits fondamentaux, Universités de Nantes, 2006, 88 p.
- BIPELE KEMFOUEDIO (J), La protection de la société et les libertés publiques, Mémoire de maîtrise, Université de Dschang, 1997, 51 p.
- JEUGUE DOUNGUE (M), L'intégration des conventions internationales relatives aux droits de l'homme dans les Etats africains francophones, Thèse de doctorat en droit international, Université de Nantes, 2013, 584 p.
- JEUGUE DOUNGUE (M), Les juges camerounais et les conventions internationales relatives aux droits de l'homme, Mémoire de Master 2 en Droit international des droits de l'homme, Université de Dschang, 2006, 96 p.

- KUTNJEM MBEYAP (A), Le droit à la justice au Cameroun (à l'origine de l'accélération de la modernisation du Code pénal camerounais), Mémoire présenté en vue de l'obtention du Diplôme d'Etudes Approfondies (DEA) en droits de la personne et de la démocratie, Université d'Abomey-Calavi, République du Bénin, 2005.
- TENE Jean (C), Les innovations des droits de l'homme dans la Constitution révisée de 1972 (loi constitutionnelle du 18 Janvier 1996), Mémoire de maîtrise, Université de Dschang, 1997, 65 p.
- ZBIGNIEW NLEP (D.P), La garantie constitutionnelle des droits fondamentaux au Cameroun, Mémoire présenté en vue de l'obtention du Diplôme d'Etudes Approfondies (DEA) en droits de la personne et de la démocratie, Université d'Abomey-Calavi, République du Bénin, 2004.

III. ARTICLES DE DOCTRINE ET CONTRIBUTIONS A DES OUVRAGES COLLECTIFS

- ABA'A OYONO (J.C), « Les mutations de la justice à la lumière du développement constitutionnel de 1996 », *Afrilex*, 2000/2001, p. 1-23.
- ABADA (M.G), « Le progrès de l'Etat de droit, avancée réelle ou poudre aux yeux ? », *in* MAUGENEST Dénis, BOUKONGOU Jean Didier (dir.), *Vers une société de droit en Afrique centrale* (1999-2000), Yaoundé : PUCAC, 2001, p. 129-150.
- ABIABAG (I), « La garantie des libertés publiques », *in Encyclopédie Juridique de l'Afrique Noire*, t. 6, p. 153 et s.
- ACCT, « la justice dans les pays francophones, conférence des ministres francophones de la justice », le Caire, 30-31 octobre-1er novembre 1995, Coll. DDD, Toulouse, 1995, p. 46 et s.
- ADOUM (S), MBALA (F), « La contribution de la « *société civile* » à la promotion des droits de l'homme en Afrique

centrale : essai d'analyse », *Dynamiques citoyennes et dignité humaine en Afrique centrale*, études et documents de l'APDHAC, *Cahier africain des droits de l'homme n°8*, Yaoundé : PUCAC, 2002, p. 223-261.

- AMOUGUI (A.T), « Influence de la société internationale dans la promotion et la protection des droits de l'homme », *Vers une société de droit en Afrique centrale (1999-2000)*, Yaoundé : PUCAC, 2001, p. 327-332.
- ANOUKAHA (F), « Droit pénal et démocratie en Afrique noire francophone : l'expérience camerounaise », *in Juridis-infos n°25*, Juillet-août-septembre 1995, p. 70-81.
- ARCOUX (L), « Le concept de droits fondamentaux dans le droit de la Communauté économique européenne », *RIDC n°4*, 1983, p. 691 et s.
- ATANGANA AMOUGOU (J.L), « Conditionnalité juridique des aides et respect des droits fondamentaux », *Les conditionnalités juridiques en Afrique*, *Afrilex*, septembre 2001, n° 2, p. 1-13.
- AUTIN (J), « Illusions et vertus de l'Etat de droit administratif », *in* COLAS (D) (dir.), *L'Etat de droit*, Paris : PUF, 1987, p. 147 et s.
- BADARA FALL (A), « Le statut du juge en Afrique », *Afrilex n° Spécial*, n°3, 2003, p. 2-34.
- BASSIOUNI (M.C), « Le rôle du juge dans la société moderne », *Revue Internationale de Droit Pénal*, vol. 46, p. 44 et s.
- BINYOUM (J), « Bilan de 20 ans de jurisprudence administrative de la Cour suprême », *in RCD*, 1978, p. 55 et s.
- BOUKONGOU (J.D), « Conclusion au colloque de Yaoundé du 14-16 novembre 2000 », in MAUGENEST Dénis, BOUKONGOU Jean Didier (dir.), *Vers une société de droit en Afrique centrale*, Yaoundé : PUCAC, 2001.
- BOUKONGOU (J.D), « Etat des instruments internationaux relatifs aux droits de l'homme pour les pays de l'Afrique centrale », *Penser et réaliser les droits de l'homme en Afrique centrale, bulletin de l'APDHAC n°6*, novembre-juillet-août 1999, p.

238 et s.
- BOUKONGOU (J.D), « Indépendance du pouvoir judiciaire et protection des droits de l'homme au Congo à la lumière des deux décisions de la Cour suprême du 2 août 1996 », *Penant,* septembre-décembre 1997, p. 310 et s.
- BOUKONGOU (J.D), « Rapport sur les ONG et la promotion des droits de l'homme dans la ville de Yaoundé », Etudes et documents de l'APDHAC, BOUKONGOU Jean Didier (dir.), *Dynamiques citoyennes et dignité humaine en Afrique centrale, Cahier africain des droits de l'homme n°8*, juin 2002, PUCAC, p. 159-197.
- BOUMAKANI (B), « Démocratie, droits de l'homme, et Etat de droit », *Annales de la Faculté de sciences juridiques et politiques de l'Université de Dschang*, t. 1, vol. 2, PUA, 1997, p. 5-22.
- BOUMAKANI (B), « L'Etat de droit en Afrique centrale », *Annales de la FSJP de l'Université de Dschang*, t. 1, vol 2, Yaoundé : PUA, 1997, p. 87-106.
- BOUMAKANI (B), « La protection des droits de l'homme au Congo », *in* MAUGENEST Dénis, POUGOUE Paul Gérard (dir.), *Droits de l'homme en Afrique centrale*, Yaoundé/Paris : PUCAC/Khartala, 1996, p. 60 et s.
- CHEVALIER (F), « Le droit au juge devant les juridictions administratives », *in* RIDEAU Joël (dir.), *Le droit au juge dans l'Union Européenne*, Paris : LGDJ, 229 p, p. 181-190.
- COHEN (J.G), « Les droits de l'homme, une valeur internationalisée », *Revue électronique droits fondamentaux n°1*, Juillet-Décembre 2001, p. 159-166.
- CONAC (G), « La vie du droit en Afrique », *in* G. CONAC (dir.), *Dynamiques et finalités des droits africains*, Paris : Economica, 1980.
- CONAC (G), « Le juge et la construction de l'Etat de droit en Afrique francophone », *in l'Etat de droit, Mélanges en l'honneur de BRAIBANT Guy*, Paris : Dalloz, 1996.
- CONAC (G), « Les politiques juridiques des Etats d'Afrique francophone au lendemain des indépendances », *in Mélanges en*

l'honneur du professeur PEISER Gustave, Presses universitaires de Grenoble, 1997.

- COUVRAT (P), « L'accès à la justice et ses obstacles », *Colloques sur l'effectivité des droits fondamentaux dans les pays de la communauté Francophone à Port-Louis les 29,30 septembre et 1er octobre 1993*, Montréal, AUPELF-UREF, 1994, p. 257-261.
- DE DECKER (H), « Droits de l'homme et droit au développement : concurrence ou complémentarité ? », *in* MAUGENEST Dénis, POUGOUE Paul Gérard (dir.), *Droits de l'homme en Afrique centrale*, Yaoundé/Paris : PUCAC/Karthala, 1996, p. 203-223.
- DEGNI-SEGUI (R), « L'accès à la justice et ses obstacles », *Colloques sur l'effectivité des droits fondamentaux dans les pays de la communauté Francophone à Port Louis les 29, 30 septembre et 1er octobre 1993*, AUPELF-UREF, Montréal, 1994, p. 241-254.
- DIAMOND (L), « Société civile et démocratie », *in Bulletin n° 829*, Afrique- Etats- Unis, p. 6 et s.
- DJILA (R), « Contribution à l'étude de la protection de la liberté individuelle au Cameroun depuis 1990 », *in Juridis-périodique n°26*, Avril-mai-juin 1996, p. 84-96.
- DJUIDJE (B), « Le statut du juge judiciaire camerounais : un tableau contrasté », *Annales de la FSJP de l'Université de Dschang*, t. 3, PUA, 1999, p. 45-66.
- DONFACK (S.L), « Existe-t-il une identité démocratique camerounaise ? La spécificité camerounaise à l'épreuve de l'universalité des droits fondamentaux », *in* http://www.cean.u-bordeaux.fr
- DONFACK (S.L), « Les incertitudes de la notion de « libertés publiques », *Annales de la Faculté des Sciences juridiques et politiques de l'Université de Dschang*, t. 1, vol. 2, 1997, Yaoundé : PUA, p. 23-38.
- DU BOIS DE GAUDUSSON (J), « Le statut de la justice dans les Etats d'Afrique francophone », *Afrique contemporaine, n° 156 (spécial)*, La documentation française, 1990, p. 6 et s.
- DUBOIS (L), « Le rôle de la Cour de justice des

communautés européennes », *Colloque sur la protection des droits fondamentaux par les juridictions constitutionnelles en Europe, RIDC n°2*, 1982, p. 80 et s.

- EBERHARD (C), « La pauvreté comme violation des droits de l'homme. Enjeux et perspectives d'une dynamique émancipatrice », *Contribution pour la journée internationale pour l'élimination de la pauvreté, 18-19 octobre 2004,* Paris : Maison de l'UNESCO, http://www.dhdi.org
- ETOUNDI (F.O), « La responsabilité des membres de la police judiciaire depuis le nouvel article 132 bis du Code pénal sur la torture », *Cahier africain des droits de l'homme n°1*, novembre 1998, p. 135 et s.
- ETOUNDI (F.O), « Le respect du droit par les juridictions camerounaises », MAUGENEST Dénis, BOUKONGOU Jean Didier (dir.), *Vers une société de droit en Afrique centrale (1999-2000)*, Yaoundé : PUCAC, 2001, p. 207-219.
- GRIFFITHS (J), « Une législation efficace, une approche comparative », *in* DARBON (D), GAUDUSSON (J), *La création du droit en Afrique*, Paris : Karthala, 1997, 475 p, p. 41-72.
- GUASTINI (R), « Réflexion sur les garanties des droits dans la Constitution », *in Revue de droit public*, 1991, p. 1079 et s.
- HAMON (F), WIENER (C), « Le contrôle de constitutionnalité : Présentation générale France, Etats-Unis », *in Droit constitutionnel et institutions politiques, Document d'étude N°1*, 15e éd, 1991, p. 2-13.
- KAMAJOU (F), « L'économie de l'interventionnisme dans le développement », *in Actes du séminaire sur les organisations d'intervention en milieu rural dans le processus de développement*, Yaoundé : CEPER, 1984.
- KAMAJOU (F), « Une analyse des principes et des programmes de l'ajustement structurel en Afrique », *in Food and agricultural policies Under structural ajustment, F. Heidhues and B. Knerr* (éd.), Peterlang, Frankfurt, New York, Paris, 1994.
- KAMAJOU (F), NGUEMEGNE (J.P), « Les implications des conditions socio-économiques dans la pratique des droits de

l'homme en Afrique », *Juridis-périodique*, janvier-février-mars 1997, n°29, p. 78-83.
- KAMTO (M), « Actes de gouvernement et droits de l'homme », *in Lex. Lata, N°26*, mai 1996.
- KAMTO (M), « Dynamique constitutionnelle du Cameroun indépendant », *in RJA*, n°1, 2 et 3, 1995, p. 7-49.
- KAMTO (M), « L'énoncé des droits dans les Constitutions des Etats africains francophones », *in RJA*, 1991, n°2/3, p. 7-24.
- KAMTO (M), « Les mutations de la justice camerounaise à la lumière des développements constitutionnels de 1996 », *Revue Africaine des Sciences Juridiques*, vol. 1, 2000, n°1, p. 9-20.
- KAMTO (M), « Les rapports Etat-société civile en Afrique », *in RJPIC*, 48e année/n°3, octobre-décembre 1994, p. 285-291.
- KAMTO (M), « Révision constitutionnelle ou écriture d'une nouvelle Constitution », in *Lex. Lata n°023-024*, février-mars 1996, p. 17-20.
- KAMTO (M), « Une justice entre tradition et modernité », La justice en Afrique, *Afrique contemporaine n° 156 (spécial)*, La documentation française, 1990.
- KAMTO (M), MOUANGUE KOBILA (J), « Sur une question en débat : nullité du mandat impératif et déchéance des élus au Cameroun », *in Lex. Lata n°032*, novembre 1996, p. 9-16.
- KEUTCHA TCHAPNGA (C), « La réforme attendue du contentieux administratif au Cameroun », *Juridis Périodique n°70*, Avril-Mai-Juin 2007, pp. 24-29.
- KEUTCHA TCHAPNGA (C), « L'autonomie du recours en cassation en contentieux administratif au Cameroun (A propos la réforme récente du contentieux administratif) », *Juridis Périodique n°82*, Avril-Mai-Juin 2010, pp.77-85.
- KEUTCHA TCHAPNGA (C), « L'autorisation tacite, cinq ans après sa consécration en droit positif camerounais », *in Juridis-périodique n°26*, octobre-novembre-décembre 1996, p. 13 et s.
- KITIO (E), « Observations sur le nouvel article 132 (bis) du Code pénal relatif à la torture (loi n°97/09 du 10 janvier 1997 »,

in Cahier africain des droits de l'homme n°1, Yaoundé : PUCAC, 1998, p. 35 et s.
- KLEIN (T), « La fonction de juge », *Mélanges en l'honneur à PETTITI Louis Edmond*, Bruxelles : Bruylant, 1998, p. 507-512.
- KONTCHOU KOUOMEGNI (A), « Vers un nouveau modèle de contrôle de la constitutionnalité des lois au Cameroun », *in Les Cours suprêmes en Afrique*, t. 2, CONAC Gérard (dir.), Paris : Economica, 1989, p. 44-63.
- LALUMIERE (C), « Coopération internationale et droits de l'homme », Rapport du groupe de travail présidé par Catherine LALUMIERE, adopté le 10 juillet 2001, *in http://www.hcci.gouv.fr/index.htlm*
- LAVAU (G), « La recherche d'un cadre théorique pour l'étude du parti communiste français », *in RFSP*, 1968, p. 445 et s.
- LAVAU (G), « Le parti communiste dans le système politique français », *in Le communisme en France*, 1969.
- LUCHAIRE (F), « Constitution et contradiction », *in Revue Belge de Droit Constitutionnel*, novembre 1995, p. 263-273.
- LUSTIGER (J.M), « L'avenir n'appartient à personne, mais il est donné aux justes », *Mélanges en l'honneur à PETTITI Louis Edmond*, Bruxelles : Bruylant, 1998, p. 543-548.
- MANDE (D.J), « La problématique de la jurisprudence centrafricaine », *in Le rôle de la justice dans le développement de la RCA*, Travaux et actes du séminaire de Bangui des 16-21 septembre 1991, WILLIBIRO-SAKO Jean (dir.), p. 197 et s.
- MANGA (P), « Le contrôle de la constitutionnalité des lois au Cameroun : Un cliché à corriger », *in Juridis-infos, n°11*, juin-août-septembre 1992, p. 63 et s.
- MBAYE (K), « L'Afrique et les droits de l'homme », *in RJIC*, juin 1995, p. 1-16.
- MBEMBE (A), « Tradition de l'autoritarisme et problème de gouvernement en Afrique subsaharienne », *Revue Afrique et développement*, vol. XVI, n ° 1, 1992.
- MBENDANG (E.J), « Les droits fondamentaux des

travailleurs dans le nouveau Code de travail du 14 août 1992 », *RJA*, 1994, p. 41 et s.

- MBOME (F), « Le contrôle de la constitutionnalité des lois au Cameroun », *in RCD*, n°13 et 14, 1977, p. 35-39.
- MOREL (A), « Protection des droits fondamentaux et systèmes juridiques », *in Colloque sur l'effectivité des droits fondamentaux dans les pays de la communauté francophone*, Montréal : AUPELF-UREF, 1994, p. 317-327.
- MORISETTE (Y-M), « L'accès à la justice comme moyen et comme fin », *in Colloque sur l'effectivité des droits fondamentaux dans les pays de la communauté Francophone à port Louis les 29, 30 septembre et 1er octobre 1993*, Montréal : AUPELF-UREF, 1994, p. 263-284.
- MOUANGUE KOBILA (J), « Le préambule du texte constitutionnel du 18 Janvier 1996 : de l'enseigne décorative à l'étalage utilitaire », *Lex Lata*, février mars 1996, n°023- 024, p. 33-38.
- MOUTEKE (R), LOCKO (I), « Protection des droits et des magistrats au Congo : pathologie d'une justice exsangue », *in Droits de l'homme en Afrique Centrale*, MAUGENEST Dénis, POUGOUE Paul Gérard (dir.), *Actes du Colloque de Yaoundé des 9-11 novembre 1994*, *PUCAC*-Khartala : Yaoundé-Paris, 1995, p. 169 et s.
- MUTOY (M), « La contribution des Nations Unies à la protection des droits de l'homme en Afrique centrale », Bulletin de l'APDHAC, *Penser et réaliser les droits de l'homme en Afrique centrale*, *Cahier africain des droits de l'homme*, Yaoundé : PUCAC, 2000, n°4, p. 15-27.
- MUTOY (M), « La problématique de l'inculturation des droits de l'homme en Afrique centrale », *in* MAUGENEST Dénis, BOUKONGOU Jean Didier (dir.), Vers *une société de droit en Afrique centrale (1999-2000)*, Yaoundé : PUCAC, 2001, p. 417-431.
- NACH MBACK (C), « L'institution Communale au Cameroun : Difficile mutation d'un double legs colonial », *in Revue Africaine de Parlementarisme et de Démocratie*, vol. 2, n°1,

p.128-154.
- NGUELE ABADA (M), « Le progrès de l'Etat de droit : avancée réelle ou poudre aux yeux ? », *in* MAUGENEST Dénis, BOUKONGOU Jean Didier (dir.), *Vers une société de droit en Afrique centrale (1999-2000)*, Yaoundé : PUCAC, 2001, p. 129-150.
- OLINGA (A.D), « L'Afrique face à la « *globalisation* » des techniques de protection des droits fondamentaux », *Présence Africaine*, 1999, n°159, p. 27-45.
- OLINGA (A.D), « L'article 67 de la constitution », *in Lex. Lata n°033*, mars 1997, p. 3-9.
- OLINGA (A.D), « Les défis contemporains à l'émergence d'une culture des droits de l'homme », *in* MAUGENEST Dénis, BOUKONGOU Jean Didier (dir.), *Vers une société de droit en Afrique centrale (1999-2000)*, Yaoundé, PUCAC, 2001, p. 289-303.
- OLINGA (A.D), « Vers une garantie constitutionnelle crédible des droits fondamentaux », *in La réforme constitutionnelle du 18 janvier 1996 : aspects juridique et politique*, publié sous l'égide de la fondation FRIEDRICH ELBERT et de la section camerounaise de l'association africaine de science politique (GRAP), Yaoundé, p. 320-338.
- ONDOA (M), « Commentaire de la loi n°96/06 du 18 janvier 1996 portant révision de la Constitution du 02 juin 1972 », *in Juridis-périodique n°25*, janvier-février-mars 1996, p. 10-15.
- OWONA (J), « L'institutionnalisation de la légalité d'exception dans le droit public camerounais », *in RCD* n°6, juillet décembre 1974, p. 105-123.
- POUGOUE (P.G), « La problématique des droits de l'homme », *Cahier africain des droits de l'homme n°5, octobre 2000, Etudes et documents de l'APDHAC*, Yaoundé : PUCAC, p. 193-206.
- POUGOUE (P.G), « Lecture de la Charte africaine des droits de l'homme et des peuples », *in* MAUGENEST Dénis, POUGOUE Paul Gérard (dir.), *Droits de l'homme en Afrique*

centrale, Yaoundé/Paris : PUCAC/Karthala, 1996, p. 31-45.
- ROLLAND (P), « La garantie des droits », *in Revue électronique droits fondamentaux n°3*, janvier-décembre 2003, p. 179-218.
- ROUSSILLON (H), « Contrôle de constitutionnalité et droits fondamentaux », *in Colloque sur l'effectivité des droits fondamentaux dans les pays de la communauté francophone*, Montréal : AUPELF-UREF, p. 371-379.
- SAWADOGO FILIGA (M), « L'accès à la justice en Afrique Francophone : problèmes et perspectives. Le cas du Burkina-Faso », *Colloque sur l'effectivité des droits fondamentaux dans les pays de la communauté Francophone à Port Louis les 29, 30 septembre et 1er octobre 1993*, Montréal : AUPELF-UREF, 1994, p. 295-309.
- SUDRE (F), « Quel noyau intangible des droits de l'homme ? », *in* MEYER-BISCH Patrick (dir.), *Le noyau intangible des droits de l'homme*, Fribourg, 1991, p. 267 et s.
- TAGNE (R), « La loi n° 2009/004 du 14 Avril 2009 portant organisation de l'assistance judiciaire : le Cameroun vers l'affirmation du droit d'accès pour tous à la justice », *Juridis Périodique n°80*, octobre-novembre-décembre 2009, p. 115-122.
- TAMEGHE (S.K), « La contribution du juge à la protection des droits de l'homme en Afrique centrale », *Vers une société de droit en Afrique centrale (1999-2000)*, MAUGENEST Dénis, BOUKONGOU Jean Didier (dir.), Colloque de Yaoundé (14-16 novembre 2000), PUCAC, p. 227-244.
- TIANGAYE (N), « Mutations politiques et réformes judiciaires : l'expérience centrafricaine », *in* MAUGENEST Dénis, BOUKONGOU Jean Didier (dir.), *Vers une société de droit en Afrique centrale (1999-2000)*, Yaoundé : PUCAC, 2001, p. 219-228.
- TRAN VAN (M), « Réflexion sur l'Etat de droit dans le tiers-monde », *in L'Etat moderne, horizon 2000 : aspects internes et externes, Mélanges offerts à Pierre François GONIDEC*, Paris : LGDJ, 1985, p. 281-283.
- VIGNON (B.Y), « La protection des droits fondamentaux dans les nouvelles constitutions africaines », *Revue nigérienne de*

droit, n° 3, déc. 2000, p. 80 et s.
- VIMBERT (C), « L'ordre public dans la jurisprudence du Conseil constitutionnel », *in RDP*, 1992, p. 693-745.
- YONABA (S), « Indépendance de la justice et droits de l'homme : le cas du Burkina – Faso », *Pioom Leiden*, 1997, p. 111 et s.

IV. TEXTES LEGISLATIFS

A. Constitutions

- Constitution du 02 mars 1960.
- Constitution du 02 Juin 1972.
- Loi n°61/24 du 1er septembre 1961 portant révision constitutionnelle et tendant à adopter la Constitution actuelle aux nécessités du Cameroun unifié.
- Loi n°96/06 du 18 Janvier 1996 portant révision de la Constitution du 2 Juin 1972.

B. Ordonnances et lois

- Ordonnance 72/4 du 26 Août 1972 portant organisation judiciaire modifiée par la loi n° 89/019 du 29 décembre 1989 modifié par la loi n° 95/058 du 19 décembre 1990.
- Loi n°90/054 du 19 décembre 1990 portant maintient de l'ordre public.
- Loi n°2004/004 du 21 avril 2004 portant organisation et fonctionnement du Conseil constitutionnel.
- Loi n° 2004/005 du 21 avril 2004 portant statut des membres du Conseil Constitutionnel.
- Loi n° 2006/015 du 29 décembre 2006 portant organisation judiciaire.
- Loi n° 2006/016 du 29 décembre 2006 fixant l'organisation et le fonctionnement de la Cour suprême.
- Loi n° 2006/017 du 29 décembre 2006 fixant l'organisation

et le fonctionnement des tribunaux régionaux des comptes.
- Loi n°2006/022 du 29 décembre 2006 fixant l'organisation et le fonctionnement des tribunaux administratifs.
- Loi n° 2008/001 du 14 avril 2008 modifiant et complétant certaines dispositions de la loi n°96/06 du 18 janvier 1996 portant révision de la Constitution du 02 Juin 1972.
- Loi n° 2008/015 du 29 décembre 2008 portant organisation judiciaire militaire et fixant les règles de procédure applicables devant les tribunaux militaires.
- Loi n° 2009/004 du 14 Avril 2009 portant organisation de l'assistance judiciaire.

C. Décrets

- Décret n° 95/ 048 du 08 mars 1995 portant statut de la magistrature.
- Décret n°2006/276 du 06 septembre 2006 portant nomination des membres de la Commission Nationale des Droits de l'Homme et des Libertés.

D. Codes

- Code pénal du Cameroun institué par la loi n°65/LF/24 du 12 novembre 1965.
- Loi n°2005/007 DU 27 Juillet 2005 portant Code de Procédure Pénale.

V. RECUEILS ET JOURNAUX

A. Recueils

- Braibant (Guy), Long (Marceau), Weil (Prosper), *Les grands arrêts de la jurisprudence administrative*, 8e éd., Sirey, 1984.
- Cameroun : droits et libertés, recueil des nouveaux textes, Yaoundé : SOPECAM, 1990.

- Bulletin des arrêts de la Cour d'appel n°1, août 1998.

B. Journaux

- Cameroun Tribune n°4874 du jeudi 25 avril 1991.
- L'Expression n°63 du 05 février 1996.
- L'Expression n°65 du 09 février 1996.
- L'Expression n°66 du 13 février 1996.
- Le messager n° 503 d'août 1996.
- La Nouvelle Expression d'avril 2001.
- Cameroun Tribune n°8598/4797 du 15 mai 2006.
- Cameroun Tribune n° 8605/4804 du 24 mai 2006.
- Week-end Tribune n°2475, 5e année, 1992.

VI. JURISPRUDENCES

- Affaire *Ministère public et MAAH Hubert contre BAMA jacques et autres*, TGI du Mfoundi, jugement n°195/Crim du 26 juin 1998.
- Affaire *Ministère public et NKUISSI Alexandre contre EROUME, MOUTASSIE et autres*, TGI du Mfoundi, jugement N°195/Crim du 26 juin 1998.
- Affaire *Ministère public et TAMA David contre ECHALLE*, TGI du Mfoundi, jugement n°176/Crim du 05 juin 1998, inédit.
- Affaire *Société des grands travaux de l'Ouest (S.G.T.C) contre Etat du Cameroun.*
- Affaire *TANTI Flaubert contre TANTI née TAKTCHEU Delphine*, TPD de Yaoundé, jugement n°1010 du 30 juin 1997.
- Arrêt n°09 du 05 mai 1973, C.A de Garoua.
- Arrêt n°10 du 17 octobre 1968, CFJ/AP, *MVE NDONGO contre Etat du Cameroun.*
- Arrêt n°157, CA de Yaoundé, 23 mars 1971, *MEDOU Gaston contre Etat du Cameroun.*
- Arrêt n°22/96-97 du 03 juin 1997, C.S, Affaire *UNDP contre*

Etat du Cameroun.
- Arrêt n°22/96-97 du 03 juin 1997, C.S, Affaire *UNDP et MDR contre Etat du Cameroun.*
- Arrêt n°4 du 28 octobre 1970, C.S du Cameroun occidental.
- Arrêt n°46/CS/96-97 du 03 juin 1997, C.S.
- Arrêt n°51/96-97 du 03 juin 1997, C.S, Affaire *UNDP contre Etat du Cameroun.*
- Arrêt n°98 du 27 janvier 1970, CJ/CAM, *OBAME ETEME Joseph.*
- C.E, 24 juin 1960, *Société FRAMPAR et société France*, Editions et publications, GAJA n°100.
- Ordonnance n°2 du 26 octobre 1994, *E.P.C contre Etat du Cameroun.*

TABLE DES MATIERES

L'HARMATTAN ITALIA
Via Degli Artisti 15; 10124 Torino
harmattan.italia@gmail.com

L'HARMATTAN HONGRIE
Könyvesbolt ; Kossuth L. u. 14-16
1053 Budapest

L'HARMATTAN KINSHASA
185, avenue Nyangwe
Commune de Lingwala
Kinshasa, R.D. Congo
(00243) 998697603 ou (00243) 999229662

L'HARMATTAN CONGO
67, av. E. P. Lumumba
Bât. – Congo Pharmacie (Bib. Nat.)
BP2874 Brazzaville
harmattan.congo@yahoo.fr

L'HARMATTAN GUINÉE
Almamya Rue KA 028, en face
du restaurant Le Cèdre
OKB agency BP 3470 Conakry
(00224) 657 20 85 08 / 664 28 91 96
harmattanguinee@yahoo.fr

L'HARMATTAN MALI
Rue 73, Porte 536, Niamakoro,
Cité Unicef, Bamako
Tél. 00 (223) 20205724 / +(223) 76378082
poudiougopaul@yahoo.fr
pp.harmattan@gmail.com

L'HARMATTAN CAMEROUN
TSINGA/FECAFOOT
BP 11486 Yaoundé
699198028/675441949
harmattancam@yahoo.com

L'HARMATTAN CÔTE D'IVOIRE
Résidence Karl / cité des arts
Abidjan-Cocody 03 BP 1588 Abidjan 03
(00225) 05 77 87 31
etien_nda@yahoo.fr

L'HARMATTAN BURKINA
Penou Achille Some
Ouagadougou
(+226) 70 26 88 27

L'HARMATTAN SÉNÉGAL
10 VDN en face Mermoz, après le pont de Fann
BP 45034 Dakar Fann
33 825 98 58 / 33 860 9858
senharmattan@gmail.com / senlibraire@gmail.com
www.harmattansenegal.com

Achevé d'imprimer par Corlet Numérique - 14110 Condé-sur-Noireau
N° d'Imprimeur : 137820 - Dépôt légal : avril 2017 - *Imprimé en France*

www.ingramcontent.com/pod-product-compliance
Lightning Source LLC
LaVergne TN
LVHW010936061026
849535LV00007B/2421